Der Einfluſs

der

Bank- und Geldverfassung auf die Diskontopolitik

im Deutschen Reich, in England, Frankreich, Österreich-Ungarn, Belgien und den Niederlanden.

Von

Georg Schmid

Leipzig,
Verlag von Duncker & Humblot.
1910.

Alle Rechte vorbehalten.

Literatur.

R. Maync, Der Diskont. Bd. 24 der Abhandlungen des Seminars für Staatswissenschaften zu Halle, herausgegeben von Conrad. 1899.
Helfferich, Geld und Banken. Teil I, Das Geld. 1903.
Hildebrand, Theorie des Geldes. Jena 1883.
Volkswirtschaftliche Chronik, Anhang zu den Jahrbüchern für Nationalökonomie und Statistik herausgegeben von Conrad 1897 ff. Abschnitte über: Geld, Kredit usw.
Handwörterbuch der Staatswissenschaften Bd. 2, 2. Aufl. 1899. Artikel „Banken".
Wörterbuch der Volkswirtschaft, Bd. 2, 2. Aufl. 1907. „Notenoder Zettelbank" von G. Schanz.
G. F. Knapp, Staatliche Theorie des Geldes. Leipzig 1905.
A History of Banking in all the leading Nations. New York 1896.
Otto Swoboda, Die Arbitrage. 12. Aufl. von M. Fürst. Berlin 1905.
Statistisches Jahrbuch für das Deutsche Reich.
Bankenquête 1908, Heft 1: Reichsbankstatistik, Heft 2: Vergleichende Notenbankstatistik.
R. J. Palgrave, Bank Rate and Money Market in England, France, Germany, Holland and Belgium. 1844—1900. London 1905.
Dr. E. Jaffé, Das englische Bankwesen. Bd. 23 Heft 4 der Staats- und Sozialwissenschaftlichen Forschungen herausgegeben von G. Schmoller und M. Sering. Leipzig 1904.
The Economist.
E. Struck, Studien über den englischen Geldmarkt. Schmollers Jahrbuch, X. Jahrgang.
Die Reichsbank 1876—1900. Jubiläumsdenkschrift der Reichsbank. 1901.
Saling, Börsenpapiere. Teil II, Die Börse und die Börsenpapiere. 11. Aufl. Berlin 1908. S. 125 Diskontpolitik der Reichsbank.
Dr. G Schwalenberg, Die Reichsbank und die Bank von Frankreich. Ein Vergleich. Halle 1904.
Dr. O. Arendt, Warum zahlt der Franzose 2%, der Deutsche 5%?
Pommier, La Banque de France et l'Etat au XIXième siècle.

R. Rosendorf, Die Goldprämienpolitik der Banque de France und ihre deutschen Lobredner. Jahrbücher für Nationalökonomie und Statistik Bd. 76, III. Folge Bd. 21, Nr. IX, S. 632 ff. 1901.
C. Hegemann, Entwicklung des französischen Großbankbetriebes. Münster i. W. 1908.
Aug. Arnauné, La monnaie, le crédit et le change. Paris 1902.
W. v. Lucam, Die österreichische Nationalbank während der Dauer des dritten Privilegs. 1876.
G. Leonhardt, Die Verwaltung der Österreichisch-ungarischen Bank von 1878—1885. Wien 1886.
Emil, Edler von Mecenseffy, Die Verwaltung der Österreichisch-ungarischen Bank von 1886—1895. Wien 1896.
Die Agioreserve der Österreichisch-ungarischen Bank. Eine Studie zur Währungs- und Bankfrage. Wien 1898.
Berichte über die Jahressitzungen der Österreichisch-ungarischen Bank.
F. Hertz, Die Diskont- und Devisenpolitik der Österreichisch-ungarischen Bank von 1892—1902. Zeitschrift für Volkswirtschaft Bd. 12 S. 463 ff. Wien 1903.
A. Spitzmüller, Die Österreichisch-ungarische Währungsreform. Wien und Leipzig 1902. S. 49 Abschn. IV.
O. Heyn, Papierwährung mit Goldreserve für den Auslandsverkehr. Ein Mittel zur Lösung der Währungsfrage. Berlin 1904.
C. V. Gerritsen, De Nederlandsche Bank, haar verleden en haar toekomst. Amsterdam 1887.
De Economist.
De Nederlandsche Bank, Loi et Statuts.
Jahresberichte der Niederländischen Bank.
G. de Greef, Le Crédit Commercial et la Banque Nationale de Belgique. Brüssel 1899.
Banque Nationale de Belgique, Lois organiques. Statuts. Brüssel 1900.
Jahresberichte der Belgischen Nationalbank.
Gesetzsammlungen von Deutschland, Österreich, Holland, Belgien und Frankreich.
Ph. Kalkmann, Hollands Geldwesen im 19. Jahrhundert. Schmollers Jahrbuch 25. Jahrgang, S. 1223 ff. 1901.
W. Prion, Das deutsche Wechseldiskontgeschäft. Staats- und Sozialwissenschaftliche Forschungen Heft 127. 1907.
Emil, Edler von Mecenseffy, Bericht über den Goldbesitz der Österreichisch-ungarischen Bank. Wien 1898.
Zuckerkandl, Die Österreichisch-ungarische Bank, im Handwörterbuch der Staatswissenschaften, 3. Aufl. Jena 1908. 2. Bd. S. 411—453.
Alph. Courtois fils, Histoire de la Banque de France et des princi-

pales institutions de crédit depuis 1716. Paris 1875. 2. Aufl. als: Histoire des Banques en France. Paris 1881.

Flour de Saint-Génis, La Banque de France à travers le siècle. Paris 1896.

A history of Banking in all the leading nations, vol. 3; a history of banking in the Latin nations by Pierre des Essars, Part I: Banking in France, Part II: Banking in Belgium.

Inhaltsübersicht.

	Seite
Literatur	III
Einleitung	1
I. Begriff und Wesen des Diskontes	2
1. Der Wechsel	2
2. Die Wechseldiskonteure: Börse und Banken	2
3. Bankdiskont und Marktdiskont	4
II. Die Notenbanken und ihre Diskontpolitik	4
1. Die Banknoten	6
2. Die gesetzlichen Vorschriften über die Notenbanken	7
Ausführung	8
Erster Teil: Die Geld- und Notenbankgesetzgebung und die bankpolitischen Grundsätze der Zentralnotenbanken, soweit sie auf die Diskontbewegung einen Einfluß ausüben, in den einzelnen Ländern	8
1. England	8
2. Deutschland	24
3. Frankreich	34
4. Österreich-Ungarn	40
5. Niederlande	51
6. Belgien	59
Zweiter Teil: Zusammenfassende Vergleichung der Gründe der Diskontbewegung, welche in der Geld- und Notenbankverfassung liegen	64
A. Vergleichung der Diskontbewegung in den sechs Ländern	64
B. Die Gründe der Diskontbewegung	66
1. Die Diskontpolitik und ihre beiden Hauptziele	66
2. Verschiedenes Verhalten der einzelnen Zentralbanken in der Verfolgung dieser beiden Ziele	69
3. Die Regulierung des Standes der Devisenkurse	74

	Seite
4. Die Anpassung der Kreditnachfrage an die verfügbaren Kreditmittel der Banken	81
a) Die Kreditmittel und ihre Bedingungen	83
α) Die Bedingungen	83
β) Vergleichung der Kreditmittel	100
b) Die Inanspruchnahme des Kredites der sechs Banken im Vergleich	105
Schlußbetrachtung	112
Nachtrag: Das Gesetz betreffend Änderung des Bankgesetzes vom 1. Juni 1909 und seine voraussichtlichen Einwirkungen auf die Bank- und Geldverfassung Deutschlands, auf die Diskontopolitik der Reichsbank und auf die Bewegung des Bankdiskontes	117

Einleitung.

In Zeiten hohen Diskontes erörtern in Zeitschriften, Tageszeitungen und Broschüren Nichtfachleute und Fachleute, Theoretiker und Praktiker die Gründe des hohen Diskontes. Auf die allerverschiedensten Gründe wird da das Steigen des Diskontes zurückgeführt: auf Geldmangel, Kapitalmangel, Aufschwung von Handel und Industrie in zu raschem Tempo, ungünstigen Ausfall oder schlechte Absatzmöglichkeit der Ernten, Überhandnahme der Spekulation und vieles mehr.

Bisweilen schweift dann die Betrachtung der Diskontbewegung auch über die Grenzen des eigenen Landes hinaus und wendet sich der Bewegung des Diskontes in anderen Ländern zu. Die Aufmerksamkeit des Betrachters wird erregt durch die teils ganz gleich, teils aber ganz verschieden verlaufende Diskontbewegung in den verschiedenen Ländern.

Es fällt auf, daß sich z. B. in Frankreich der Diskont viel seltener und weniger stark verändert als etwa in Deutschland und England, und daß der Diskont gegenwärtig in Deutschland und England gewöhnlich höher ist als in Frankreich.

Wenn die Diskontbewegung in den verschiedenen Ländern zum Gegenstand der Betrachtung gemacht wird, so geschieht das in dem Bestreben, durch die Vergleichung der Diskontbewegung verschiedener Länder und ihrer Gründe die allgemeinen Gründe zu entdecken, welche die Diskontbewegung überhaupt beeinflussen. Dieses Bestreben leitet auch die nachstehende Betrachtung, die sich mit der Vergleichung der Diskontbewegung in England, Deutschland. Frankreich, Österreich-Ungarn, Belgien, Holland und deren Gründen, soweit sie in den Geld- und Notenbankverfassungen oder in der Bankpolitik der Zentralnotenbanken jener Länder liegen, befaßt. Wenn man die Bewegung des Diskontes betrachten und die Bedingungen derselben ermitteln will, so ist zunächst erforderlich, den Begriff und das Wesen des Diskontes festzustellen.

I. Begriff und Wesen des Diskontes.

1. Der Wechsel.

Der Diskont ist der Betrag, um den der beim Ankauf für einen Wechsel gezahlte Betrag in Geld geringer ist als der Betrag der Forderung, auf die der Wechsel lautet. Er ist der Unterschied zwischen der Wechselsumme und dem Kaufpreis des Wechsels; er ist der vom Käufer eines Wechsels gemachte Abzug von der Wechselsumme.

Warum macht nun der Käufer eines Wechsels einen solchen Abzug, und warum gewährt der Verkäufer einen solchen?

Der Käufer bezahlt den Wechsel mit Geld. Er erhält für sein Geld eine noch nicht fällige Forderung, die auf eine Leistung, nämlich Zahlung einer Geldsumme, gerichtet ist, welche er erst nach Eintritt der im Wechsel bestimmten Verfallzeit, verlangen kann. Mit dem für den Wechsel gezahlten Gelde konnte bisher der Wechselkäufer und kann nunmehr der Wechselverkäufer sich Kapital jeder beliebigen Art verschaffen und dessen Nutzungen ziehen. Auch konnte der Wechselkäufer mit dem Gelde gegen Zins Darlehen gewähren.

2. Die Wechseldiskonteure: Börse und Banken.

Dadurch, daß er den Wechsel kauft, entgeht also dem Wechselkäufer, dem „Wechseldiskonteur", ein Gewinn an Kapitalmehrwert, — Kapitalertrag oder Zinsen —, von dem

Betrage des Kaufpreises für die Zeit vom Kauf des Wechsels an bis zum Verfalltermin. Dieser Gewinn fällt dem Verkäufer des Wechsels zu. Um sich für diesen Verlust an Nutzungen und Zinsen zu entschädigen, macht der Käufer eines Wechsels einen entsprechenden Abzug von der Wechselsumme, er „diskontiert" den Wechsel.

Der Wechsel ist das hauptsächlichste Mittel zur Befriedigung des regelmäßig wiederkehrenden Kreditbedarfes in Handel und Industrie. Außer durch Diskontierung von Wechseln wird dieser Kreditbedarf befriedigt durch Darlehen gegen Schuldschein und Sicherheitsleistung durch Bürgschaft — mit dieser Art der Kreditgewährung hat das Diskontogeschäft große Ähnlichkeit — oder gegen Sicherung durch Verpfändung von Effekten (Wertpapieren) und Waren (Lombarddarlehen).

Ein solcher regelmäßig wiederkehrender Kreditbedarf entsteht dadurch, daß der Unternehmer, welcher Kapital im Handel umsetzt oder in der Industrie, in der Produktion, verarbeitet, nicht immer nur eigenes Kapital umsetzt oder verarbeitet bzw. verarbeiten läßt, sondern vielfach Handel oder Gewerbe mit fremdem, geliehenem Kapital betreibt.

Wenn die Unternehmer nicht genug Geld haben, um die zum Zwecke der Verarbeitung oder des Umsatzes gekauften Waren bezahlen zu können, so leihen sie sich entweder bis zur Weiterveräußerung das zur Bezahlung erforderliche Geld gegen Verpfändung der gekauften Waren, oder sie bezahlen den Kaufpreis erst, nachdem sie die Waren — verarbeitet oder unverarbeitet — weiter verkauft haben.

Will nun der Verkäufer trotzdem bereits vorher über den Kaufpreis verfügen, so zieht er einen Wechsel auf den Käufer in Höhe des Kaufpreises. Diesen nach Ablauf einer bestimmten Frist, nach „Verfall", fälligen Wechsel benutzt er dann seinerseits zu Zahlungen oder er verkauft ihn unter Abzug des Diskontes.

Je nach den Anstalten, welche die Wechsel ankaufen, die Kreditgewährung vermitteln, unterscheidet man zwei Arten des Diskontes, den Marktdiskont und den Bankdiskont.

3. Bankdiskont und Marktdiskont.

Der Kapitalist, welcher sein Geld in Wechseln anlegen, der Wechsel diskontieren will, kauft die Wechsel auf dem Wechselmarkte, an der Börse, durch Vermittlung des Wechselmaklers. Auf dem Wechselmarkte bieten die Wechselkäufer, die Wechseldiskonteure, ihr Geld —, die Kreditsuchenden ihre Wechsel an. Durch Vermittlung der Wechselmakler werden die Wechselkäufe abgeschlossen. Den Diskont, zu dem an der Börse Wechsel bestimmter Qualität umgesetzt werden, bezeichnet man als „Marktdiskont".

Der „Marktdiskont" ist demnach der Unterschied zwischen dem Nennwert des Wechsels und dem an der Börse jeweils für denselben gezahlten Kurswert.

Die Höhe des Marktdiskontes richtet sich naturgemäß nach der Qualität der Wechsel, für die der Marktsatz gilt. Sie hängt vor allen Dingen ab von der Höhe des Betrages der angebotenen Wechsel, der Geldnachfrage, und von der Größe der Wechselnachfrage, des Geldangebotes. Der Marktdiskont bringt zum Ausdruck das auf dem Markte jeweils bestehende Verhältnis zwischen Geldangebot (Kreditangebot) und Geldnachfrage (Kreditnachfrage), zwischen Wechselangebot und Wechselnachfrage.

Er sinkt infolge abnehmender Kreditnachfrage (sinkenden Wechselangebotes, sinkender Geldnachfrage) oder zunehmenden Kreditangebotes (steigenden Geldangebotes, steigender Wechselnachfrage). Er steigt infolge zunehmender Kreditnachfrage (steigenden Wechselangebotes, steigender Geldnachfrage) oder abnehmenden Kreditangebotes (sinkenden Geldangebotes, sinkender Wechselnachfrage).

II. Die Notenbanken und ihre Diskontpolitik.

Ein bedeutender Teil der diskontierten Wechsel wird nun aber nicht an der Börse umgesetzt, sondern durch die Banken angekauft. Der Ankauf von Wechseln zum Zweck der Kapitalanlage ist ein Zweig des Bankgeschäftes; er ist das Hauptgeschäft der Diskontobanken.

Die Diskontobanken kaufen vielfach die Wechsel nicht an der Börse, sondern sie kaufen vielmehr direkt die ihnen von den Kreditsuchenden zum Kauf angebotenen Wechsel. Besonders die Notenbanken pflegen das Diskontogeschäft vielfach als Hauptzweig ihres geschäftlichen Unternehmens.

Die Notenbanken kaufen alle ihnen zur Diskontierung angebotenen Wechsel an, sofern dieselben den seitens der Bank allgemein festgesetzten Bedingungen in bezug auf Sicherheit, Fälligkeit usw. genügen.

Da nun aber der Betrag der zum Ankauf angebotenen Wechsel einerseits und der Betrag der der Bank zum Ankauf von Wechseln wie zur Kreditgewährung überhaupt zur Verfügung stehenden Mittel andererseits zu verschiedenen Zeiten verschieden hoch ist, so würde die Bank nicht imstande sein, jederzeit alle ihr angebotenen, ihren sonstigen Anforderungen genügenden Wechsel zu kaufen. Um nun den Betrag der ihr zur Diskontierung angebotenen Wechsel dem Betrag der jeweils zur Diskontierung verfügbaren Mittel anzupassen, bedient sich die Bank der Diskontpolitik, d. h. der planmäßigen Festsetzung des Diskontes zur Erreichung bestimmter Zwecke. Durch Erhöhung ihres Diskontsatzes hält die Bank natürlich viele Wechselinhaber davon ab, bei ihr Kredit zu nehmen, und so vermindert sich der Betrag der der Bank zur Diskontierung angebotenen Wechsel. Andererseits wird eine Herabsetzung ihres Diskontes eine Vermehrung der an die Bank gerichteten Kreditgesuche zur Folge haben.

Den Diskont, welchen die Bank unterschiedslos von jedem ihr zum Ankauf angebotenen Wechsel macht, bezeichnet man als „Bankdiskont". Der Bankdiskont ist also der Diskont, den die Bank zur Bedingung für den Ankauf eines Wechsels macht.

Hängt der Marktdiskont ab vom Verhältnis der am Markte vorrätigen Kreditmittel zu dem am Markte gesuchten Kredit, so ist der Bankdiskont abhängig vom Verhältnis der

Kreditmittel der Bank, Geld und Banknoten, zu den an die Bank gerichteten Kreditgesuchen. Die Notenbanken bezahlen die von ihnen gekauften Wechsel ja nicht mit Geld sondern mit ihren Noten. Diese Banknoten sind „chartale" (markenartige) Urkunden, auf denen eine Summe Geldes genannt wird, und die die Bank verpflichten, die Urkunde zu jenem Betrage in Zahlung zu nehmen[1]).

1. Die Banknoten.

Die Banknote ist ein Mittel zur Kreditnahme seitens der Bank. Durch die Notenausgabe verschafft sich die Bank die von ihr zur Kreditgewährung benötigten Mittel. Indem die Bank mit ihren Noten Wechsel ankauft oder Darlehen gibt, gewährt sie einerseits dem Wechselschuldner, dem Darlehensempfänger Kredit, andererseits nimmt sie vom jeweiligen Inhaber der Banknote ohne Entgelt Kredit. Das Wesen des Bankgeschäfts ist es ja, daß es einerseits ohne oder gegen geringe Zinsvergütung Kredit nimmt durch Ausgabe von Noten, Annahme von Depositen, Führung von Girokonten, andererseits gegen höheren Zins Kredit gewährt durch Ankauf von Wechseln, Schuldverschreibungen oder durch Gewährung von Darlehen gegen Bürgschaft, Faustpfand (Lombarddarlehen), Hypothek.

Bei der Kreditgewährung in Noten gibt die Bank dem Kreditnehmer für eine befristete Forderung gegen ihn oder gegen seinen Schuldner eine jederzeit fällige Forderung gegen die Bank. Die Noten der Bank, für deren jederzeitige Einlösung die Bank meistens Sorge trägt, laufen wie die vom Staate ausgegebenen Zahlungsmittel um und werden wie diese von jedermann bereitwillig in Zahlung genommen. In den meisten Staaten, so auch in den von uns betrachteten Ländern, sind die Noten der Zentralnotenbanken durch Akzeptation seitens des Staates unter das staatliche Geld aufgenommen worden, d. h., der Staat hat hier erklärt, er werde bei Zahlungen, die an die staatlichen Kassen zu leisten

---

[1]) Knapp a. a. O. S. 121 und 122.

sind (epizentrische Zahlungen), die Banknoten annehmen. Einige Staaten sind weiter gegangen. So hat die Bankakte von 1844 die Noten der Bank von England mit Zwangskurs ausgestattet und zum Kurantgeld für alle außer den von der Bank selbst zu leistenden Zahlungen gemacht. Auch in Frankreich, Belgien und Holland sind die Banknoten Kurantgeld. In Österreich und Ungarn sind die Noten der Österreichisch-ungarischen Bank sogar definitives (nicht einlösbares) Kurantgeld und das valutarische Geld, in dem der Staat seine Zahlungen macht.

2. Die gesetzlichen Vorschriften über die Notenbanken.

Wegen des Umstandes, daß die Banknoten im Zahlungsverkehr die Rolle des Geldes spielen oder unter das staatliche Geld aufgenommen sind, ist es für den Staat, der die Interessen der Gesamtheit vertritt, von großer Bedeutung, daß die Zahlungsfähigkeit der Notenbanken über allen Zweifel erhaben ist.

Der Staat hat daher regelmäßig die Noten ausgebenden Banken seiner Aufsicht unterstellt und für dieselben Vorschriften erlassen, die die Einlösung der Banknoten und die Zahlungsfähigkeit der Notenbank sichern sollen und die Notenausgabe zu diesem Zweck begrenzen.

Da von diesen Vorschriften der Umfang der Notenausgabe und damit die Menge der verfügbaren Kreditmittel der Notenbanken abhängt, so wenden wir uns, um die in der Bankverfassung liegenden Bedingungen für den verschiedenen Verlauf der Diskontbewegung zu suchen, zunächst der Betrachtung des Notenbankwesens der verschiedenen Länder zu.

Wir beginnen mit der Schilderung des englischen Notenbankwesens, weil dieses und zwar besonders die Bank von England vorbildlich bei Errichtung von Notenbanken in anderen Staaten gewirkt hat und die Grundsätze der Diskontpolitik der Bank von England insbesondere von der deutschen Reichsbank übernommen worden sind.

Ausführung.

Erster Teil.
Die Geld- und Notenbankgesetzgebung und die bankpolitischen Grundsätze der Zentralnotenbanken, soweit sie auf die Diskontbewegung einen Einfluß ausüben, in den einzelnen Ländern.

1. England.

In England war anfangs jedermann berechtigt, bei Sicht zahlbare auf den Inhaber lautende Noten auszugeben [1]. Hierin wurde nichts geändert durch die im Jahre 1694 erfolgte Gründung der Bank von England [2], einer Gesellschaft von Staatsgläubigern, die dem Staate gegen Zinsen Geld vorstreckte. Noch heute ist die Bank von England in erster Linie Gläubiger des englischen Staates. Am 4. Dezember 1907 betrug die Summe der Forderungen der Bank an den Staat: — im Issue-Department 18,45 Millionen ₤, im Banking-Department 14,33 Millionen ₤, = 32,78 Millionen ₤, die gesamten sonstigen Vorschüsse der Bank dagegen nur 31,445 ₤ [3].

Eine vollständige Änderung des englischen Notenbankwesens trat im Jahre 1844 auf Grund der Peelschen Bankakte (Peel-Akt) [4] v. 17. 7. d. J. ein. Das Gesetz verbot die

---

[1] Wörterbuch der Volkswirtschaft, Bd. 2, S. 560 und 561, Artikel „Noten- oder Zettelbank" von G. Schanz.
[2] Jaffé a. a. O. S. 7.
[3] „The Economist". Dezember 1907.
[4] Jaffé a. a. O. S. 9, Schanz a. a. O. S. 560 und 561.

fernere Errichtung von Notenbanken in England und Wales. Der Betrag der Notenausgabe der bestehenden Banken wurde absolut fixiert. Seit 1844 hat sich die Zahl der Notenbanken in England und Wales ständig verringert. Im Jahre 1844 gab es außer der Bank von England noch 279 Noten emittierende Bankgeschäfte: 207 Bankiers und 72 Aktienbanken, mit einer Notenausgabe von 8 361 647 $\mathscr{L}$. Im November des Jahres 1905 gab es außer der Bank von England nur noch 32 Notenbanken mit einem Notenumlauf von zusammen 1 795 790 $\mathscr{L}$ [1]).

Durch das Bankgesetz von 1844[2]) hat auch die Bank von England ihre gegenwärtige Verfassung erhalten. Seit 1844 besteht bei der Bank von England eine besondere Abteilung für die Notenausgabe, das Issue-Department, dem lediglich die Notenausgabe obliegt. Das Issue-Department tritt nicht in unmittelbaren Verkehr mit dem Publikum. Dies tut vielmehr das **Banking-Department**, das die eigentlichen Geschäfte der Bank wie das Diskontogeschäft, Darlehengewährung, Depositen- und Giroverkehr besorgt. Letzteres erhält vom Issue-Department gegen Einlieferung von Gold oder Staatsschuldverschreibungen Noten und bringt diese bei Gewährung von Kredit oder bei Einlösung von Schecks in Verkehr. Andererseits liefert eventuell das Banking-Department in seinem Besitz befindliche Noten beim Issue-Department ein, um von diesem, bei Bedarf, Gold zu entnehmen. Das Issue-Department darf gegen einen entsprechenden Vorrat an staatlich emittiertem Geld oder Regierungssicherheiten (Government-securities) Noten ausgeben. Die Regierungssicherheiten bestehen aus einer Buchschuld der englischen Regierung (Government-debt)[3]) und aus englischen Staatsschuldverschreibungen (Governmentsecurities).

Der Betrag der **nicht bar gedeckten Noten** (d. h.

---

[1]) Schanz a. a. O. S. 561, Sp. 1.
[2]) Jaffé a. a. O. S. 9.
[3]) Jaffé a. a. O. S. 15.

der nicht durch staatlich emittiertes Geld gedeckten Noten), die die Bank von England ausgeben darf, ist direkt kontingentiert. Dieses System der direkten Kontingentierung der Notenausgabe, wie es auf Grund der Peel-Akt für die Notenausgabe bei der Bank of England besteht, ist der Niederschlag der von Lord Overstone formulierten, heute längst als unrichtig erkannten Currencytheorie [1]), die sich auf den Geldlehren Humes und Ricardos, der Vertreter der sogenannten „Quantitätstheorie" aufbaut. Nach diesen hängt der Wert des Geldes und damit auch der Preis der Waren von der Menge des umlaufenden Geldes ab. Ist zuviel Geld im Umlauf, so sinkt der Wert des Geldes und die Preise, die nichts anderes sind als die Werte der Güter bezogen auf den Wert des Wertmessers, des Geldes, steigen. Ist weniger Geld im Umlaufe als zum Umsatze der Waren benötigt wird, so steigt der Wert des Geldes und die Warenpreise fallen. Besteht nun der Geldumlauf eines Landes nur aus vollwertigem Edelmetallgeld, so wird ein Überfluß an Umlaufsmitteln zwar anfangs ein Steigen der Warenpreise zur Folge haben. Die Erhöhung der Warenpreise wird aber sehr bald einen Import von Waren aus dem Auslande und eine Metallgeldausfuhr ins Ausland herbeiführen, und infolgedessen werden Geldwert und Warenpreise den vorigen Stand wiedererreichen. Andererseits würden bei Geldmangel die Warenpreise fallen; infolgedessen würde eine Ausfuhr von Waren und ein Import von Edelmetall zur Ausprägung in Geld solange stattfinden, bis Geldwert und Warenpreise wieder auf dem früheren Stand angelangt sind.

Diese selbsttätige Regulierung des Geldwertes wird nun nach Ansicht der „Currencytheorie" unterbunden, wenn von

---

[1]) H. Macleod, A History of Banking in Great Britain, S. 201. Handwörterbuch der Staatswissenschaften, 2. Aufl. 1899. Bd. 2, S. 143. Wörterbuch der Volkswirtschaft, 2. Aufl. 1907, Artikel „Noten- oder Zettelbank" von G. Schanz. Bd. 2, S. 572. Handbuch des öffentlichen Rechts, Einleitungsband, Grundriß der politischen Ökonomie Bd. 1, S. 282 von Philippovich.

Seiten des Staates oder einer Notenbank der Geldumlauf eines Landes mit Staatsnoten oder Banknoten in unbegrenzten Mengen versorgt wird. In diesem Falle würde ein Überfluß an Geld in einem Lande und die dadurch herbeigeführte Entwertung des Geldes durch einen Abfluß von Metallgeld und Warenimport nicht beseitigt werden, da ja das abfließende Metallgeld durch Bank oder Staat mittelst verstärkter Notenausgabe ersetzt werden würde. Die Folge würde dann ein Sinken des Geldwertes ins Grundlose und eine gewaltige Erhöhung der Preise aller Waren sein.

Will man dies Ergebnis vermeiden, will man bei Ausgabe von Banknoten die selbsttätige Regulierung des Geldwertes in Wirkung erhalten, so muß man zufolge der „Currencytheorie" dafür sorgen, daß die Bank entweder alle von ihr ausgegebenen Noten voll durch Metall gedeckt hat und jederzeit gegen Rückgabe der Noten aus ihrem Barvorrat einen entsprechenden Betrag in vollwertigen Edelmetallgeld herausgibt, oder man muß wenigstens den Betrag der nicht bar gedeckten Noten, welche die Bank ausgeben darf, absolut begrenzen, „direkt kontingentieren"[1].

Das Kontingent der nicht bar gedeckten Noten der Bank of England wurde durch die Peel-Akt (Bank Charter Act v. 1844) auf 14 Millionen £ festgesetzt. Es wurde im Laufe der Zeit verschiedentlich erhöht und beträgt gegenwärtig 18 450 000 £[2].

Diesen Betrag kann die Bank nur nach Suspendierung des Gesetzes von 1844, wie sie bei dringender Notwendigkeit in den Jahren 1847, 1857 und 1866 erfolgt ist, überschreiten[3].

Infolgedessen kann die Bank nie mehr Noten ausgeben als im Betrage von 18,45 Millionen £ zuzüglich des Betrages ihres Geldvorrates. Die Bank von England kann also nie einen höheren Betrag als den ihres Barvorrates vermehrt um 18,45 Millionen £ zur Gewährung von Darlehen und

---

[1] Jaffé a. a. O. S. 9.
[2] Jaffé a. a. O. S. 13.
[3] Jaffé a. a. O. S. 28.

zum Ankauf von Wechseln verwenden. Will die Bank alle vorschriftsmäßigen Darlehns- und Diskontierungsgesuche befriedigen, so muß sie ihren Diskont resp. Lombardzinsfuß so festsetzen, daß der Betrag der an die Bank gerichteten Kreditanforderungen sich innerhalb der Grenzen des oben beschriebenen Betrages hält.

Außer durch Hingabe von Geld und zwar vorwiegend [1] [2] [3] gewährt die Bank von England Darlehen auf die Weise, daß sie dem Darlehensnehmer, sofern er ein Guthaben bei ihr hat, den dargeliehenen Betrag gutschreibt, d. h. indem sie ihm den Betrag des Darlehens resp. des Wechselpreises auf der Kreditseite seines Kontos zuschreibt. Mittelst Schecks kann dann der Kontoinhaber über sein Guthaben verfügen. Diese Schecks muß die Bank auf Verlangen einlösen. Sie hält zu diesem Zwecke einen bestimmten Vorrat an Geld oder Noten, die jederzeit beim Issue-Department in Gold einlösbar sind. Die Bank von England kann also nicht sämtliches verfügbare Geld oder sämtliche in der Bankabteilung befindlichen Noten direkt zum Ankauf von Wechseln oder zur Gewährung von Darlehen verwenden, vielmehr muß sie eine bedeutende Reserve in Gold oder Banknoten zur Erfüllung ihrer täglich fälligen Verbindlichkeiten halten. Die Bank von England hält sich umsomehr für hierzu verpflichtet, als sie in England die einzige Stelle ist, an der ein größerer Vorrat baren Geldes sich befindet.[4] Alle größeren Geldsummen in England fließen in die Bank oder aus der Bank. Die Bank of England ist die Bank der englischen Banken, der Bankier der Bankiers. Die kleineren Bankhäuser des flachen Landes oder der kleineren Städte sind Girokunden einer größeren, meist Londoner, Bank oder der Bank von England. Jede größere Bank hat ihrerseits ein Girokonto (Depositenkonto) bei der Bank von

---

[1] Jaffé a. a. O. S. 104.
[2] Jaffé a. a. O. S. 102.
[3] Jaffé a. a. O. S. 146.
[4] Jaffé a. a. O. S. 11, 12.

England. Durch Übertragung des zu zahlenden Betrages von dem Konto der zahlenden Bank auf das Konto der die Zahlung empfangenden Bank in den Büchern der Bank of England erfolgt dann der Ausgleich der gegenseitigen Zahlungsverpflichtungen der englischen Banken, insbesondere der Saldi, welche sich bei der Verrechnung der gegenseitigen Verbindlichkeiten der Londoner Banken aus Schecks durch das Clearinghouse ergeben [1]).

Ein großer Teil der Depositengelder der Bank of England, der „Private deposits" besteht aus den sogenannten „London bankers' balances" d. s.[2]) Guthaben Londoner Bankiers die, ohne vorherige Kündigung, sofort fällig sind. Diese Guthaben bei der Bank bilden regelmäßig die einzige größere Reserve der Londoner Bankhäuser für die Einlösung der auf sie gezogenen Schecks. Sie bilden zum Teil den in England als „Till-money" bezeichneten Betrag, d. i. derjenige Betrag an Geld, den eine Bank jederzeit zu ihrer Verfügung haben muß, um auch bei einem ungewöhnlich starken Verlangen nach Einlösung von auf die Bank gezogenen Schecks imstande zu sein, ihren Verpflichtungen nachzukommen. Sobald nun die Banken ihrerseits größere Mengen an Zahlungsmitteln brauchen, als sich in ihrer Kasse befinden, verschaffen sie sich dieselben, indem sie mittelst Schecks über ihr Guthaben bei der Bank von England verfügen und dieses teilweise abheben.

Die Bank von England muß infolgedessen ihrerseits für ihre täglich fälligen Verbindlichkeiten eine genügend große Reserve in Geld oder Noten in der Bankabteilung vorrätig halten, um auch bei stärkeren als den gewöhnlichen Anforderungen ihre Verpflichtungen erfüllen zu können. Nur soweit das Banking-Department seine Noten- und Geldvorräte nicht als Reserve braucht, kann es mit denselben direkt Wechsel diskontieren oder Darlehen gewähren.

Den Betrag an Noten, über welchen die Bankab-

---

[1]) Jaffé a. a. O. S. 162.
[2]) Jaffé a. a. O. S. 21. Palgrave a. a. O. S. 22—25.

teilung verfügt, kann sie nur vermehren, indem sie gegen einen entsprechenden Betrag baren Geldes beim Issue-Department Noten eintauscht. Die verfügbaren Mittel des Banking-Department können demnach nur durch ein Wachsen des Barvorrates sich vergrößern.

Dagegen vermindern sich die zur Kreditgewährung verfügbaren Mittel der Bank, wenn ihr Barvorrat eine Abnahme erfährt.

Eine Verminderung des Barvorrates findet statt, wenn Noten der Bank zur Einlösung in Gold präsentiert werden oder die Auszahlung der Guthaben bei der Bank bzw. die Einlösung von auf die Bank ausgestellten Schecks in Gold verlangt wird. Das geschieht aber in der Regel nur dann, wenn Gold aus England wegen eines für England ungünstigen Standes der Kurse der Auslandswechsel (Devisen) ausgeführt werden soll.

Wenn sich der Goldvorrat in der Bankabteilung vermindert, so tritt, falls das ausgegebene Goldgeld zur Einlösung von Noten verwendet worden ist, eine Verminderung der Reserve des Banking-Department nicht ein, wohl aber eine bedeutende Verschlechterung der Deckung der täglich fälligen Verbindlichkeiten der Bank, der Noten und Depositen, durch den Goldvorrat. Macht die Bank mit dem Goldgelde sonst Zahlungen, insbesondere löst sie mit demselben Schecks ein, so verringert sich zugleich die Reserve der Bankabteilung. Eine Verringerung dieser Reserve tritt gleichfalls ein, wenn die Bank in ihren Noten zahlt. In diesem Falle ist aber die Verschlechterung des Verhältnisses des Goldvorrates zu den täglich fälligen Verbindlichkeiten der Bank eine weitaus geringere. Verhältnismäßig am wenigsten verschlechtert sich dieses Verhältnis, wenn die Zahlungen der Bank durch Gutschrift auf das Depositenkonto des Zahlungsempfängers bei der Bank geschehen. Da die Reserve der Bankabteilung in Metallgeld und Noten nur $1/3$ bis $2/5$ der Depositen beträgt, so müßte die Bank bei Zahlung in Geld oder Noten, wenn sie das Verhältnis der Reserve zu den Depositen unverändert erhalten will, den mittelst Gutschrift gewährten Kredit um das Zweieinhalbfache bis Dreifache des ausgezahlten Betrages vermindern.

Das Verhältnis des Goldvorrates der Bank, im Issue-Department und im Banking-Department, zu ihren sämtlichen täglich fälligen Verbindlichkeiten beträgt gleichfalls etwa $40^0/_0$.

Will die Bank eine Verschlechterung dieses Verhältnisses vermeiden, so muß sie entweder eine Abnahme des Goldvorrates verhindern oder aber eine $2^1/_2 - 3$ mal so starke Einschränkung ihrer Kreditgewährung vornehmen.

Vermehren sich andererseits die an die Bank gestellten Kreditanforderungen, so muß die Bank zur Vermeidung einer Änderung im Deckungsverhältnis ihren Goldvorrat nur um $^1/_3 - ^2/_5$ der Zunahme der Kreditgewährung vergrößern, wenn die Kreditgewährung mittelst Gutschrift auf das Depositenkonto des Kreditnehmers sich vollzieht.

Eine Einschränkung der Kreditgesuche erreicht die Bank durch Heraufsetzung ihres Diskontes. Eine Vergrößerung ihres Geldvorrates dagegen kann sie nur erreichen durch Ankauf von Gold bzw. Annahme von Bargeld gegen Bezahlung in Noten oder Gutschrift auf Depositenkonto, also durch erhöhte Kreditnahme von Seiten der Bank. Eine solche Einlieferung von Gold in Barren oder von Goldgeld bei der Bank findet aber nur statt, wenn entweder im Lande ein Überfluß an barem Gelde herrscht oder Gold aus dem Auslande nach England importiert wird. Die Bank sucht die Einlieferung von Gold zu fördern durch Erhöhung des Ankaufspreises für Barrengold oder bestimmte Sorten ausländischer Goldmünzen um 1 bis 3 d. pro Unze[1]) Standardgold. Ferner begünstigt sie den Goldimport, indem sie auf „schwimmendes Gold", d. h. auf zur Einfuhr nach England bestimmtes, auf dem Seewege nach dort befindliches Gold zinsfrei Vorschüsse gewährt.

Der Barvorrat der Bank von England sinkt andererseits, wenn das Ausland aus England Gold bezieht, denn regel-

---

[1]) Jaffé a. a. O. S. 174.

mäßig trifft in letzter Linie jeder Goldabfluß aus England die Bank von England, weil sie allein in England infolge des geschilderten Reservensystems über einen größeren Goldvorrat verfügt. Die Bank von England ist deshalb bemüht, einen Goldexport, soweit durch einen solchen ihr Barvorrat stark vermindert würde, nach Möglichkeit zu verhindern. Sie glaubt dies einerseits durch Erhöhung des Verkaufspreises für Barrengold und zur Ausfuhr besonders begehrte Sorten ausländischer Goldmünzen oder durch Abgabe von dem Passiergewichte nahekommenden Sovereigns bei Einlösung von Noten und sonstigen Zahlungen, andererseits durch Erhöhung ihres Diskontes erreichen zu können.

Bekanntlich vermittelt die Bank of England den internationalen Goldverkehr fast der ganzen Welt[1]. Das Gold strömt aus den Produktionsländern zunächst nach England und wird dort zum großen Teil von der Bank von England angekauft. Von hier beziehen dann die Goldimporteure des Auslandes das von ihnen importierte Gold. Der Bezug von Gold aus England geschieht regelmäßig auf folgende Weise. Der fremde Goldimporteur kauft entweder in seiner Heimat bei Sicht oder innerhalb kurzer Frist fällige Wechsel auf England. Diese sendet er nach England und läßt sie dort bei Fälligkeit einlösen; oder aber er kauft langfristige englische Wechsel und läßt diese in England bei der Bank of England oder auf dem Londoner Wechselmarkt, an der Royal Exchange, diskontieren. Bei der Einlösung wie bei der Diskontierung erhält er Goldgeld oder Noten der Bank von England, die Kurantgeld sind[2]), d. h. die bei allen Zahlungen angenommen werden müssen. Die Noten sind aber jederzeit bei der Bank in Gold einlösbar. Ein Bezug von Gold aus England ist für den fremden Importeur nur dann gewinnbringend, wenn die Wechsel auf England in seiner Heimat so niedrig im Kurse stehen, daß „der Goldpunkt gegen England steht".

[1]) Jaffé a. a. O. S. 11 und 12.
[2]) Jaffé a. a. O. S. 9.

Das ist der Fall, wenn der Kurs der englischen Wechsel, d. h. der für eine Forderung, die auf eine Einheit des englischen valutarischen Geldes lautet, gezahlte Preis so weit unter dem Goldpari steht, daß der Unterschied größer ist als die Versendungskosten für das Gold von England nach dem Importlande pro Gewicht der jene Geldeinheit darstellenden Goldmünze.

Das Goldpari ist der Betrag, den man für je eine Einheit des valutarischen Geldes des einen Landes in Kurantgeld des anderen Landes erhält, wenn man valutarisches Goldgeld eines Landes in frei prägbares Kurantgeld eines anderen Landes umprägen läßt [1]).

Durch Erhöhung ihres Diskontes sucht nun die Bank of England den Kurs der englischen Wechsel im Auslande zu heben und dadurch eine Ausfuhr von Gold aus England zu verhindern.

Da beim Ankauf englischer Wechsel im Auslande gewohnheitsmäßig für die Zeit bis zur Fälligkeit der Wechsel der in England und zwar der an der Londoner Wechselbörse, der Royal Exchange, gezahlte Diskont in Abzug gebracht wird, so sinkt infolge einer Erhöhung des Diskontes in England der für „lange Wechsel" (d. s. Wechsel mit einer Verfallzeit von mehreren Monaten) auf England im Auslande gezahlte Preis. Die Inhaber solcher Wechsel werden, um nicht infolge Abzug des erhöhten Diskontes einen Verlust zu erleiden, die Wechsel bis zu deren Fälligkeit behalten, statt sie zu verkaufen. Dadurch wird das Angebot langer Wechsel auf England eingeschränkt.

Andererseits wird der hohe Diskont beim Ankauf englischer Wechsel manchen Ausländer dazu veranlassen, Geld in langen Wechseln auf England oder in solchen englischen Fonds, deren Kurs infolge der Diskonterhöhung in England gefallen ist, anzulegen. Die Bezahlung der in England gekauften langen Wechsel oder Fonds seitens des Auslandes geschieht in kurzen englischen Wechseln. Infolgedessen

---

[1]) **Knapp**, a. a. O. S. 205 und 206.

steigt im Auslande die Nachfrage nach kurzen oder bereits fälligen Wechseln bzw. Schecks auf England. Die Folge dieser verstärkten Nachfrage und des verminderten Angebotes ist dann ein Steigen des Kurses der englischen Wechsel im Auslande. Das Steigen tritt aber nur dann ein, wenn der Diskont im Auslande ein niedrigerer ist als der in England, nicht aber, wenn das Umgekehrte der Fall ist.

Ein Steigen des Diskontes in England hat die weitere Folge, daß diejenigen Engländer, die im Besitz von langen Wechseln auf das Ausland (Devisen) oder von ausländischen Effekten sind[1]), zum Teil ihren Devisen- bzw. Effektenbesitz entweder in dem Lande, auf das die Devisen gezogen sind oder aus dem die Effekten stammen, oder aber in einem anderen Lande, in dem diese Effekten bzw. Devisen an der Börse gehandelt werden, verkaufen, wenn in diesem Lande größere Geldflüssigkeit herrscht, infolgedessen der Diskont dort niedriger ist und dort genügende Nachfrage nach jenen Devisen oder Wertpapieren besteht. Sie erhalten dafür im Auslande kurze Wechsel auf England, die sie einlösen und deren Erlös sie zum Ankauf englischer Wechsel verwenden; oder der Gegenwert der im Auslande verkauften Effekten wird mittelst kurzer auf das Ausland gezogener Wechsel, die an der Londoner Börse verkauft werden, eingezogen.

Infolgedessen steigt am Londoner Devisenmarkte das Angebot, während die Nachfrage sich verringert, da die englischen Kapitalisten die Anlage ihres Geldes in englischen Werten, weil diese höheren Gewinn bringt, unter den angenommenen Umständen derjenigen in Devisen vorziehen. Die Folge ist ein Fallen der Devisenkurse in London.

Andererseits hat an den Auslandsbörsen die aus den angeführten Gründen auftretende Steigerung der Nachfrage und das verringerte Angebot englischer Wechsel ein Anziehen des Wechselkurses auf England zur Folge, und da-

---

[1]) Volkswirtsch. Chronik zu Conrads Jahrb. 1899 S. 278, 397.

durch wird ein Abfluß von Gold aus England unmöglich gemacht.

Die Erhöhung des Diskontes in England wird aber ein Steigen des Kurses der englischen Wechsel nur in den Ländern zur Folge haben, in denen der Marktdiskont niedriger ist als in England. Dem Goldbezug eines Landes mit höherem Diskont gegenüber ist ein hoher englischer Diskont natürlich wirkungslos. Ein hoher Diskont der Bank von England wirkt überdies auf den Kurs der englischen Wechsel im Auslande nur dann ein, wenn er die Aufwärtsbewegung des Londoner Marktdiskontes zur Folge hat. Das ist in der Regel der Fall, da infolge der Diskonterhöhung der Bank deren Kredit weniger in Anspruch genommen wird und ein Teil des bisher durch die Bank befriedigten Kreditbedarfes seine Befriedigung nunmehr an der Börse sucht, so daß jetzt die Mittel des Marktes stärker in Anspruch genommen werden. Auch sucht die Bank von England bei Gefahr eines Goldabflusses aus England das Steigen des Marktdiskontes dadurch zu beschleunigen, daß sie durch Verkauf von in ihrem Besitz befindlichen Staatsschuldverschreibungen gegen Barzahlung und Wiederkauf derselben auf Rechnung zu etwas erhöhtem Preise (durch „Borrowing on Loan") dem Markte Barmittel entzieht[1]).

Wir wollen nun noch kurz die Veränderungen betrachten, die die Diskontpolitik der Bank of England in dem letzten Jahrhundert durchgemacht hat[2]).

Über ein Jahrhundert lang schwankte der Diskont der Bank von England zwischen 4 und 5 %. Im Jahre 1839 betrug derselbe vorübergehend 6 %[2]). Da der Marktdiskont zu jener Zeit regelmäßig nur etwa $1^3/_4$—2 % betrug, so hatte die Bank von England jeglichen Einfluß auf das englische Diskontogeschäft verloren. Die Bank stand völlig außer-

---

[1]) Jaffé S. 174. Volkswirtsch. Chronik zu Conrads Jahrb. **1899** S. 342, 388. **1900** S. 253, 297, 386, 430, 431, 525. **1901** S. 19, 60, 61, 469, 562. **1902** S. 368, 488. **1903** S. 404, 405. **1904** S. 444. **1905** S. 694, 784. **1906** S. 34, 86, 147, 828.

[2]) Palgrave a. a. O. S. 48.

halb des Wechselgeschäfts[1]). Im August des Jahres 1844 belief sich der Betrag der seitens der Bank diskontierten Wechsel auf 113 000 ℒ. Von jenem Zeitpunkte an schlug die Bank in der Diskontfestsetzung andere Bahnen ein. Um die verlorene Fühlung mit dem Markte wieder zu erlangen, setzte sie ihren Diskont auf $2^1/_2 \%$ herab. Vom Jahre 1844 an begann die Bank ihren Diskont dem an der Londoner Börse vereinbarten Diskont anzupassen[1]). Infolgedessen war es der Bank bereits im Jahre 1848 gelungen, ungefähr die Hälfte der in England diskontierten Wechsel an sich zu bringen.

Aber bald schien es ihr angebracht, eine erneute Änderung in der Diskontpolitik vorzunehmen. Da die Bank ihren Satz veröffentlichte, so blieb ihr ein großer, wenn nicht gar der größte Teil der Wechselkäufer fern, sobald der Banksatz den auf dem Markte geforderten Diskont bedeutend überstieg. Daher erklärte sich die Bank von England im Februar 1878 für nicht länger gebunden, zum veröffentlichten Mindestsatze zu diskontieren[2]). Sie werde vielmehr denjenigen Kunden, die sich bei Beschaffung von Kredit ausschließlich ihrer Vermittlung bedienten, Wechsel auch unter dem offiziellen Satze diskontieren. Ferner erklärte sie sich bereit, den Wechselmaklern Vorschüsse gegen Hinterlegung von Wechseln zu gewähren. Die Wechselmakler in England (bill-brokers[2]) im Gegensatz zu Deutschland, vermitteln den größten Teil des englischen Diskontokredites, und zwar diskontieren sie die Wechsel größtenteils für eigene Rechnung. In England würde es als ein Zeichen der Unsolidität einer Bank gelten, wenn sie Wechsel, die sie diskontiert hat, weiter veräußerte (rediskondierte), was in Deutschland durchaus üblich ist.

In Zeiten knappen Geldstandes passierte es daher englischen Banken oft, daß sie Angebote von Wechseln und

---

[1]) Palgrave a. a. O. S. 49.
[2]) Palgrave a. a. O. S. 50 ff. — S. 57. Jaffé a. a. O. S. 74—82. Struck a. a. O.

zwar selbst von solchen ihrer Kunden deshalb ablehnen mußten, weil ihnen dazu die erforderlichen Mittel fehlten. Infolgedessen bedienen sich in England Verkäufer von Wechseln lieber der Vermittlung der bill-brokers, welche ihnen zum jeweils an der Börse notierten Diskont jederzeit ihre Wechsel diskontieren, statt, wie in Deutschland die Wechsel bei den Depositenbanken diskontieren zu lassen.

Im Jahre 1890 erklärte sich die Bank von England bereit, Wechselmaklern Wechsel von nicht über 15 Tagen Laufzeit zum veröffentlichten Mindestsatze zu diskontieren. Solche seitens der bill-broker rediskontierten Wechsel, welche die Unterschrift des bill-brokers tragen, sind natürlich wegen ihrer Sicherheit und der frühen Verfallzeit als Deckung für die täglich fälligen Verbindlichkeiten der Bank sehr geeignet. Später wurde die Laufzeit der zur Rediskontierung bei der Bank geeigneten Wechsel auf 60 Tage erhöht.

Obwohl der Anteil der Bank von England am unmittelbaren Diskontgeschäfte Englands relativ nicht sehr bedeutend ist[1]), übt die Höhe des Diskontes der Bank von England dennoch einen bedeutenden Einfluß auf die Höhe des Londoner Marktdiskontes aus.

Die bill-brokers[2]), die den größten Teil des englischen Diskontogeschäftes für eigene Rechnung und Gefahr ausführen, diskontieren die ihnen zum Ankauf angebotenen Wechsel nicht ausschließlich, ja zum geringeren Teil mit eigenen Mitteln[2]). Vielmehr verschafft sich der Wechselmakler die für sein Geschäft erforderlichen Mittel zum großen oder zum größeren Teil mittelst Kreditnahme bei der Bank von England oder bei anderen englischen Banken gegen Rediskontierung oder Lombardierung von Wechseln oder anderen Wertpapieren. Besonders die Londoner Depositenbanken, die Joint-stock banks, legen einen Teil

---

[1]) Jaffé a. a. O. S. 143, 173. Palgrave S. 57.
[2]) Struck a. a. O. S. 127 ff.

ihrer verfügbaren Mittel in täglich fälligen Darlehen an billbrokers an. Wird bei einer solchen Bank seitens deren Kunden ein Teil der Depositen zurückgezogen, so kündigt die Bank dem bill-broker das gewährte Darlehen. Der broker wendet sich alsdann an eine andere Joint-stock-bank, welche noch Mittel zur Kreditgewährung zur Verfügung hat.

Die Kreditgewährung der Bank of England und der Joint-stock banks in England und Wales.
Millionen £.

Ende des Jahres	Von der Bank von England gewährter Kredit gegen		Anlagen der Joint-stock banks	
	private und öffentliche Sicherheiten	private	Wechsel- und Vorschußkredit	Effekten. Wechsel und Vorschüsse
1891	59,29	30,68	281,7	371,7
1895	67,38	33,99	311,7	419,2
1900	74,91	35,78	395,3	523,1
1903	74,11	36,4	396,3	522,1
1905	75,45	39.54	—	—

De Economist 1907, S. 642 und Conrads Jahrbücher, Volksw. Chronik.

Da gewöhnlich diejenigen Mittel, die einer Bank entzogen werden, einer anderen im Wege der Verrechnung durch das Clearing-House zufließen, so wird in normalen Zeiten der bill-broker den Kredit, den die eine Bank wegen Verringerung ihrer Mittel ihm entziehen mußte, bei einer anderen Bank sofort wieder erhalten.

Anders dagegen, wenn infolge gesteigerter Kreditnachfrage die Kreditmittel aller Joint-stock-Banken sich verringern. Dann bleibt für den bill-broker keine andere Stelle, bei der er Kredit nehmen kann, als die Bank der Banken, die Bank of England. Daher wird er in Zeiten steigenden Wechselangebotes sich mit dem von ihm geforderten Diskont nicht sehr weit unter dem Diskont der

Bank halten, da er vielleicht genötigt sein könnte, später auf diese Rückgriff zu nehmen, und dann selbst den von der Bank geforderten Satz zahlen müßte. Sobald also eine ungewöhnlich starke Kreditnachfrage in Form von Wechseln am Londoner Wechselmarkte auftritt, nimmt der Betrag der bei der Bank von England zur Rediskontierung angebotenen Wechsel zu [1]). Der steigende an der Londoner Wechselbörse befriedigte Kreditbedarf äußert sich dann in einem Wachsen der Anlagen der Bank von England und zwar in einem Steigen der „Other securities" [2]) wie der „Government-securities" bei der Bank, da der bill-broker zur Beschaffung der für sein Geschäft erforderlichen Mittel nicht immer Wechsel rediskontiert sondern oft gegen andere Sicherheit bei der Bank Darlehen auf kurze Frist nimmt [3]).

Da auch die übrigen Banken ihrerseits in Zeiten starker Kreditnachfrage auf die Bank von England Rückgriff nehmen durch kreditweise Verstärkung ihrer Guthaben bei der Bank, so äußert sich jedes verstärkte Verlangen nach Kredit im Lande in letzter Linie in einer Zunahme der Kreditanforderungen an die Bank von England und in einem Steigen des Diskontsatzes der Bank. Daher erklärt es sich auch, daß man einen hohen Diskont der Bank von England als ein Zeichen einer stärkeren Anspannung im englischen Kreditverkehr betrachtet und die übrigen Kreditnehmer es für angebracht halten, der Bank mit einer Erhöhung der Marktrate zu folgen.

Besonders in Krisenjahren wird die Kreditgewährung der Bank von England stark in Anspruch genommen. Diese Tatsache äußert sich in einem Anwachsen der „Other securities" unter den Aktiven der Bank und einer gleichzeitigen

---

[1]) Jaffé a. a. O. S. 73 ff.
[2]) Das sind die Kreditgewährungen der Bank gegen alle Arten von Sicherheiten mit Ausnahme derjenigen gegen Hinterlegung von Staatsschuldverschreibungen (Government-securities), also gegen private Sicherheiten, Wechsel und andere.
[3]) Jaffé a. a. O. S. 25.

starken Zunahme der privaten Depositen (Private Deposits) unter den Passiven, da die Bankiers die von der Bank geliehenen Beträge zur Verstärkung ihrer Guthaben bei der Bank von England verwenden und erst bei Bedarf mittelst Schecks über ihr Guthaben bei der Bank verfügen.

2. Deutschland.

Die Notenbanken im Deutschen Reich.

Im Jahre 1875 wurde durch ein Gesetz vom 14. März[1]) das Notenbankwesen im Deutschen Reich reichsgesetzlich geregelt. Damals bestanden neben der Preußischen Bank, deren Nachfolgerin die Reichsbank ist, in Deutschland noch 32 kleinere Notenbanken. Diese durften auch nach Inkrafttreten des Bankgesetzes von 1875 ihre Notenausgabe fortsetzen, mußten sich aber den Vorschriften des Gesetzes unterwerfen. Da dieses den Geschäftskreis der Notenbanken stark einengte, so verzichtete jedoch der größte Teil der Banken teils sofort, teils im Laufe der Zeit auf das Recht der Notenausgabe. Seit dem Jahre 1906 gibt es in Deutschland außer der Reichsbank nur noch vier Notenbanken[2]): Die Bayrische, die Württembergische, die Badische und die Sächsische Bank. Diese vier Banken hatten im Durchschnitt des Jahres 1907 zusammen einen Notenumlauf von 141,968 Millionen Mark[2]), die Reichsbank allein hatte zur gleichen Zeit einen solchen von 1.478,783 Millionen Mark[2]). Die Reichsbank nimmt demnach unter den deutschen Notenbanken eine weit überragende Stellung ein. Diese Stellung wird noch verstärkt durch die Bestimmung der Bankgesetznovelle von 1899 (Rges. v. 7. 6. 1899) in Artikel 7 § 2, wonach es den Notenbanken bei Strafe der Entziehung des Rechtes der Notenausgabe untersagt ist, unter dem offiziell

---

[1]) Bankgesetz vom 14. März 1875 (R. G. Bl. S. 177, Nr. 15, Ges. laufende Nr. 1068).

[2]) Statistisches Jahrbuch für das Deutsche Reich 1908. S. 230, Tabelle 3 und 4c.

bekanntgegebenen Diskontsatz der Reichsbank zu diskontieren, wenn dieser 4 % übersteigt.

Sonst dürfen sie nur zu einem Satze, der um nicht mehr als $^1/_4$ % unter dem Diskont der Reichsbank steht, diskontieren.

Die Reichsbank trat auf Grund des Bankgesetzes, Titel 2 mit Beginn des Jahres 1876 als Rechtsnachfolgerin der vom Reiche angekauften **Preußischen Bank** ins Leben. Sie steht unter Aufsicht und Leitung des Reiches, hat aber eigene Rechtspersönlichkeit.

Der Betrag an Noten, welche die Reichsbank ausgeben darf, ist auf doppelte Weise begrenzt[1]). Einmal muß die Bank ein Drittel des Betrages der von ihr ausgegebenen Noten als Reserve in „kursfähigem" deutschen Gelde, in Reichskassenscheinen, Noten anderer deutscher Banken, oder in Gold in Barren oder ausländischen Münzen, das kg fein zu 2784 Mk. gerechnet — das ist der sogenannte „Barvorrat" — vorrätig halten (§ 9 des Bankgesetzes vom 14. 3. 1875). Sie darf also nicht mehr als den dreifachen Betrag ihres Barvorrates an Noten in Umlauf haben. Abgesehen von dieser indirekten aber absoluten Begrenzung ist dem Notenumlauf der Reichsbank eine zweite engere aber elastische Grenze gesetzt. Der Betrag der von der Reichsbank ausgegebenen Noten, welche nicht durch den Barvorrat der Bank gedeckt sind, ist kontingentiert. Das Kontingent beläuft sich gegenwärtig auf 472829000 Mk.[2]). (Bekanntmachung vom 14. 4. 1906; R. G. Bl. S. 462.) Überschreitet die Notenausgabe der Reichsbank diesen Betrag, so muß die Bank eine Steuer von 5 % des um den Betrag des Kontingentes verminderten Notenumlaufes an das Reich bezahlen. Die Notensteuer soll die Reichsbank davon abhalten, längere Zeit hindurch das Kontingent der „nicht bar ge-

---

[1]) Bankgesetz von 1875, § 9.
[2]) Statistisches Jahrbuch für das Deutsche Reich 1908, S. 230. Tab. 4a S. 232, Anm. 2, und Bekanntmachung vom 14. 4. 1906 in R. G. Bl. laufende Nr. 3231, Nr. 22, S. 462.

deckten Noten" zu überschreiten. Um keinen Ausfall in den Einnahmen zu erleiden, soll die Reichsbank durch die Steuer genötigt werden, ihren Diskont bzw. Darlehenszinsfuß auf mindestens 5 % zu erhöhen. Durch die Diskonterhöhung wird aber die Inanspruchnahme der Bank durch die Kreditsucher verringert. Durch dieses System der „indirekten Kontingentierung", wie es genannt wird, soll nach der Absicht des Gesetzgebers die Höhe des Diskontes der Reichsbank gewissermaßen selbsttätig reguliert werden[1]). Tatsächlich ist denn auch die Notensteuer nicht ohne Einfluß auf die Höhe des Reichsbankdiskontes gewesen, aber die selbsttätige Regulierung der Höhe des Diskontes ist sehr oft nicht erfolgt. Vielmehr hat die Reichsbank in zahlreichen Fällen ohne Rücksicht auf eine Verringerung ihrer Einnahmen trotz Überschreitung ihres Notenkontingentes ihren Diskontsatz auf unter 5 %: auf $4^{1}/_{2}$ %, 4 %, $3^{1}/_{2}$ %, ja selbst auf 3 % gelassen, die Steuer also teilweise aus dem Ertrag des mit dem steuerfreien Notenumlauf betriebenen Diskontogeschäftes bestritten.

In ihrer Diskontpolitik[2]) hat sich die Reichsbank durch die nach Ansicht ihrer Leitung für alle Notenbanken maßgebenden Grundsätze, wie sie aus der Praxis insbesondere der Bank of England abgeleitet worden sind, leiten lassen. Als Ziele ihrer Diskontpolitik betrachtet die Reichsbank einerseits die eigene Fähigkeit, jederzeit ihre Noten auf Verlangen einzulösen und ihre täglich fälligen Verbindlichkeiten zu erfüllen, andererseits die Aufrechterhaltung der Reichswährung[3]) d. h. der deutschen Goldwährung.

Die Unmöglichkeit der Einlösung der Reichsbanknoten, welche einen bedeutenden Teil des deutschen Geldumlaufes ausmachen, würde, nach Ansicht der Reichsbank, gleichbedeutend mit der Aufhebung der Goldwährung in Deutschland sein.

---

[1]) Motive zum Bankgesetz-Entwurf, die Reichsbank 1876—1900 S. 126.
[2]) Die Reichsbank 1876—1900 S. 123—127.
[3]) Die Reichsbank 1876—1900 S. 123.

— 27 —

Die durch den Barvorrat der Reichsbank nicht gedeckten Noten, die steuerfreie Notenreserve und der Reichsbankdiskont im Jahresdurchschnitt

betrug im Jahre	Der Betrag der nicht „bar" gedeckten Noten Millionen Mark	Der Reichsbankdiskont %	Die steuerfreie Notenreserve Millionen Mark
1876	120,0	4,16	152,7
1877	117,9	4,14	155,1
1878	88,7	4,34	185,2
1879	78,5	3,7	195,4
1880	106,2	4,24	167,6
1881	125,4	4,42	148,4
1882	152,1	4,52	121,8
1883	97,8	4,05	176,1
1884	105,1	4,0	168,8
1885	105,2	4,12	168,6
1886	77,7	3,28	196,6
1887	55,2	3,41	220,6
1888[1])	− 1,0	3,32	277,1
1889	85,8	3,68	194,2
1890	152,1	4,52	135,4
1891	46,1	3,78	246,0
1892	8,7	3,20	283,4
1893	108,8	4,07	183,3
1894	30,6	3,12	262,2
1895	50,2	3,14	243,2
1896	158,2	3,66	135,2
1897	180,4	3,81	113,0
1898	238,7	4,27	54,7
1899	281,1	5,04	12,3
1900	284,7	5,33	8,7
1901	243,1	4,1	214,6
1902	211,4	3,3	254,4
1903	306,2	3,8	163,8
1904	316,5	4,2	153,5
1905	316,5	3,8	153,7
1906	438,4	5,1	34,4
1907	531,1	6,0	− 58,2[2])

[1]) Die durch den Barvorrat überdeckten Noten also Barvorrat − Notenumlauf.
[2]) Steuerpflichtiger Notenumlauf (−).
Nach „Die Reichsbank 1876—1900" und „Statistisches Jahrbuch für das Deutsche Reich" 1901 ff.

— 28 —

Die Überschreitungen des steuerfreien Notenkontingentes der Reichsbank durch deren Umlauf „ungedeckter (d. h. nicht „bar" gedeckter) Noten, (steuerpflichtiger Notenumlauf) in Millionen Mark. und der gleichzeitige Reichsbankdiskont in Prozent; an den einzelnen Ausweistagen der Jahre:

am:	1901 Mill. ℳ	%	1902 Mill. ℳ	%	1903 Mill. ℳ	%	1904 Mill. ℳ	%	1905 Mill. ℳ	%	1906 Mill. ℳ	%	1907 Mill. ℳ	%	1908
7. Januar	66,0	5			72,6	4	99,9	4			149,9	6	332,6	7	
15. „													89,0	7	
31. „	16,3	4,5			125,5	3,5	166,1	4	21	3	233,3	5	22,6	6	
7. März					27,1	3,5	16,2	4			46,0	5	400,2	6	
31. April													206,4	6	
15. „													10,3	6	
30. „					44,6	4	105,4	4	98,9	3	282,1	4,5	47,1	5,5	
7. Juni													330	5,5	
15. Juli											89,2	4,5	200,8	5,5	
31. „													34,6	5,5	
30. August	108,6	4	151,4	4	154	4	305	4	450,3	4	505,3	5	26,8	5,5	
7. September	39,2	4	76,5	4	74,3	4	179,2	4	263,6	5	398,6	5	19,5	5,5	
15. Oktober								5	142,5	5	230	6	513,4	5,5	
23. „							28,3		25,6	5	116,4	6	395,3	5,5	
31. „									146,5	5	222,2	6	234,5	5,5	
7. November									75,9	5	153,5	6	129,5	5,5	
15. „											67,2	6	291,8	6,5	
23. „													247	7,5	
30. „											98,6	6	175	7,5	
7. Dezember											91,4	6	109	7,5	
15. „											99,2	6	262	7,5	
23. „													208	7,5	
31. „	108,5	4	231,6	4	275	4	173,5	5	352,8	6	191,8	7	195	7,5	
											572,6	7	270	7,5	
													626	7,5	

Statistisches Jahrbuch für das Deutsche Reich 1904, 1905, 1906, 1907, 1908.

Deshalb bemüht sich die Reichsbank nicht nur, die Deckung der umlaufenden Noten über dem gesetzlich vorgeschriebenen Mindestverhältnis von 1 : 3 zu halten, sondern sie ist bestrebt, möglichst das gleiche Deckungsverhältnis für alle täglich fälligen Verbindlichkeiten der Bank innezuhalten.

Sie trachtet demgemäß danach, durch Erhöhung ihres Diskontes eine Verringerung der Deckung durch Abfluß von Gold einerseits, eine zu starke Zunahme der Verbindlichkeiten infolge wachsender Kreditgewährung andererseits, nach Möglichkeit zu verhindern.

Eine Erhöhung ihres Diskontes hält die Reichsbank bei einer starken Steigerung der Kreditnachfrage für unumgänglich erforderlich, da ohne solche die Mittel der Bank sich erschöpfen würden, weil alsdann aller Kreditbedarf des Landes oder doch der größte Teil desselben, wenn der Marktdiskont steigt, seine Befriedigung bei der Bank suchen würde[1]. Außerdem würde nach Ansicht der Reichsbankleitung ein zu niedriger Diskont Überspekulation und Überproduktion begünstigen und könnte so das Land in eine gefährliche Krise stürzen.

Diese Ansicht übersieht aber, daß, wenn ein größerer Teil der Kreditsucher sich der Reichsbank zuwendet, der Marktdiskont sehr bald, statt zu steigen, sinkt, und daß infolgedessen die Kreditsucher sich wieder an den Markt wenden werden, so daß eine Erschöpfung der Mittel der Bank auch bei unveränderter Höhe des Bankdiskontes nicht eintritt. Andererseits hat eine Erhöhung des Bankdiskontes sehr oft ein Steigen des Marktdiskontes zur Folge, da die anderen Banken und die Privaten beim Ankauf von Wechseln sich in Betreff der Höhe des von ihnen geforderten Diskontes mehr oder weniger nach der Höhe des Satzes der Zentral-

---

[1] Nach Äußerungen des ehemaligen Reichsbankpräsidenten Dr. Koch, von Ende November 1906 mitgeteilt in Saling, Börsenpapiere Teil I: Die Börse und die Börsenpapiere. 11. Auflage 1908: S. 125 ff. „Die Reichsbank 1876—1900" S. 123 ff. Die Diskontpolitik S. 125, 127.

bank richten. Die Inanspruchnahme der Bank wird demnach bei Erhöhung ihres Diskontes wie ohne solche ziemlich die gleiche sein, da die am Markte zur Diskontierung verfügbaren Geldmittel sich nicht plötzlich beliebig vermehren lassen. Ferner zeigt das Beispiel Frankreichs, daß ein gleichbleibender mäßiger Diskont durchaus nicht zur Überproduktion und Überspekulation führt. Vielmehr ist es gerade ein häufig und verhältnismäßig stark sich ändernder Zinssatz, der die reine Spekulation à la hausse oder à la baisse begünstigt. Des weiteren über die nachteiligen Folgen starker und häufiger Schwankungen des Zinsfußes sowie über die Wirkungen eines hohen Diskontes Erörterungen anzustellen, gestattet der Rahmen dieser Arbeit nicht. Auch zur Verstärkung ihres Goldvorrates hält die Reichsbank die Erhöhung ihres Diskontes für das einzig wirksame Mittel, weil sie die Zahlungsbilanz günstiger zu gestalten sucht und so gewissermaßen das Übel eines Goldabflusses an seiner Wurzel trifft. Daneben wendet die Reichsbank zur Erreichung des gleichen Zieles allerdings auch noch andere Mittel an, denen aber von Seiten der Bankleitung nur untergeordnete Bedeutung zuerkannt wird.

So begünstigt die Reichsbank die Einlieferung von Gold, indem sie von Fall zu Fall zinsfreie Vorschüsse auf im Auslande befindliches zur Einfuhr nach Deutschland bestimmtes Gold gewährt[1]). Ferner wendet sie ebenso wie die Bank von England beim Ankauf bestimmter Arten von fremden Goldmünzen wechselnde, oft höhere Tarife an und sucht andererseits einen Abfluß von Gold zu erschweren, indem sie für Gold in Barren oder fremden Goldvaluten einen erhöhten Preis fordert[2])[3]), andernfalls aber in dem Passiergewichte mehr oder weniger nahekommenden abgenützten deutschen Goldmünzen zahlt und Noten einlöst.

[1]) Otto Swoboda, Die Arbitrage, 12. Aufl. von Max Fürst. S. 165, 172, 182.
[2]) Rosendorff, a. a. O. S. 635.
[3]) Salings Börsenpapiere, Teil I. a. a. O. S. 126.

Eine Eindämmung des Goldabflusses bezweckt auch die Devisenpolitik der Reichsbank, die darin besteht, daß die Bank bei einem niedrigen Stand der Devisenkurse Wechsel auf das Ausland ankauft, um sie zu Zeiten, in denen infolge Steigens der Devisenkurse die Möglichkeit eines Goldabflusses in das Ausland nahe gerückt ist, wieder zu verkaufen, auf diese Weise die Kurse der Auslandswechsel zu drücken und die Ausfuhr von Gold zu verhindern.

Bis zum Jahre 1906 durften die Noten der Reichsbank nicht auf Beträge unter 100 Mark lauten[1]). Das Gesetz vom 20. 2. 1906 (R. G. Bl. 1906, Nr. 8, S. 318, lfd. Nr. 3201) ermächtigt die Reichsbank, auch Noten in Beträgen zu 50 Mark und zu 20 Mark auszugeben. Das hat eine geringe Zunahme des Barvorrates der Reichsbank zur Folge gehabt. Während die Bank früher bei Zahlungen von Beträgen unter 100 Mark stets Metallgeld oder Reichskassenscheine verwenden mußte, kann sie jetzt, falls nicht ausdrücklich anderes verlangt wird, bei Einlösung der Noten größeren Betrages wie bei allen Zahlungen über 20 Mark Noten zu 20 und zu 50 Mark ausgeben. Infolge dieser Änderung der gesetzlichen Vorschriften hat der Bestand an Reichskassenscheinen bei der Reichsbank in der letzten Zeit eine nicht unbeträchtliche Zunahme erfahren. Während die Reichsbank die Reichskassenscheine ehedem bei Einlösung ihrer Noten in Geldstücke im Betrage von 20 oder 50 Mark in erster Linie verwendete, gibt sie jetzt dabei ihre eigenen Noten aus. Zahlungen unter 20 Mark dagegen macht sie jetzt wie früher meistens in Silbergeld, da der Verkehr dieses gewöhnlich den Reichskassenscheinen[2]) vorzieht.

Unter den von der Reichsbank betriebenen Geschäften nimmt das Diskontogeschäft eine überragende Stellung ein. Das Diskontogeschäft der Reichsbank ist weit bedeutender als das der Bank of England, so daß der unmittelbare Ein-

---

[1]) Bankgesetz v. 1875 § 3.
[2]) Seit dem Ges. v. 5. 6. 1906, R. G. Bl. Nr. 34, S. 730, dürfen Reichskassenscheine nur zu 5 Mark und 10 Mark ausgegeben werden.

Die Zusammensetzung des Barvorrates der Reichsbank. Es betrug in Millionen Mark

im Durchschnitt der Jahre	Der Vorrat der Reichsbank an			
	Gold	Silber [1])	Reichskassenscheinen	Noten anderer deutscher Banken
1876—1880	231,6	293,2	40,7	13,2
1881—1885	251,5	326,0	27,5	15,1
1886—1890	513,6	294,7	20,4	10,7
1891—1895	611,3	313,4	23,7	10,1
1896—1900	584,1	267,3	22,3	12,5
1901—1905	**693,6**	**246,1**	**26,1**	**14,1**
1876		223,9	39,4	
1879			43,3	
1881		350,1		
1886			19,2	
1890		281,9		
1892		326,1		
1894			25,2	
1899			21,8	
1900		246,4		
1902		256,7		9,56
1903			27,1	
1906	674,7	216,2	36,2	21,59
1907	633,8	209,5	82,5	21,88

Von den Jahren zwischen 1876 und 1903 sind nur solche Jahre berücksichtigt, in denen der Stand der Vorräte ein Maximum oder Minimum erreichte.

fluß der Reichsbank auf die Höhe des Diskontes in Deutschland ein wesentlich größerer ist als der der Bank von England auf die des englischen Diskontes.

In den Jahren 1896—1900 diskontierte die Reichsbank 37,8 %, 1901—1905: 36,3 %, im Jahre 1907: 38,6 % des Betrages der in Deutschland in Umlauf gebrachten Wechsel. Der durchschnittliche Wechselbesitz der Reichsbank betrug in den Jahren 1896—1900: 14,6 %, 1901–1905: 14,1 %, im

---

[1]) Inkl. Nickel- und Kupfermünzen. Bankenquête 1908 Tabelle I 2 und II 6 und 7.

Die Kreditgewährung der Reichsbank und der hauptsächlichsten deutschen Banken.

Ende des Jahres	Wechselanlage in Millionen Mark			Anlage in Wechseln, Lombard und Reports		
	der Reichsbank	der hauptsächlichsten Banken[1]	6 Großbanken[2]	Reichsbank	Hauptsächlichste Banken[1]	6 Großbanken[2]
1895	789		343	1000		
1900	1173		682	1319		
1904	1197	1774		1412	2371	
1905	1442	1996	1064	1647	2967	
1906	1601,7	2447	1207,8	1886	3547	1858,6

Jahre 1907: 13,8 % des durchschnittlichen Betrages der in Deutschland umlaufenden Wechsel[3].

In neuester Zeit wird die Vorherrschaft der Reichsbank im Diskontogeschäfte geschwächt durch die zunehmende Konzentration im deutschen Bankgewerbe. Die 6 größten Banken Deutschlands zusammen hatten Ende 1906 einen Wechselbestand von 1207,8 Millionen Mark[4] gegenüber einem Wechselbestande der Reichsbank zur gleichen Zeit von 1601,7 Millionen Mark. Die gesamte Kreditgewährung bei diesen Banken zusammen ist größer als die der Reichsbank.

Um die Wirksamkeit des eigenen Diskontes zu erhöhen, bedient sich die Reichsbank in neuerer Zeit bei Gefahr eines Goldabflusses eines ähnlichen Verfahrens wie die

[1] 1906: 143 Banken, 1905: 137, 1904: 129 Banken (nach Conrads Volkswirtschaftl. Chronik).
[2] Deutsche Bank, Dresdener Bank, Diskontogesellschaft, Darmstädter Bank, Schaffhausenscher Bankverein, Berliner Handelsgesellschaft (nach Prion a. a. O).
[3] Bankenquête 1908, Tabelle II 25 und 26.
[4] Diese 6 Banken waren: Deutsche Bank, Dresdener Bank, Diskontogesellschaft, Darmstädter Bank, Schaffhausenscher Bankverein, Berliner Handelsgesellschaft.

Bank von England. Um den Marktdiskont im Sinne einer schnellen Erhöhung zu beeinflussen, entzieht die Bank demselben einen Teil der verfügbaren Mittel durch Rediskontierung eines Teils der im Portefeuille der Bank befindlichen Reichsschatzanweisungen [1]).

3. Frankreich.

Die Banque de France hat in Frankreich das Monopol der Notenausgabe. Sie ist eine privilegierte Aktiengesellschaft, die im Jahre 1800 unter Beteiligung des Konsuls Bonaparte und seiner Verwandten gegründet wurde [2]). Die Banque de France wurde auf Anregung des Staates gegründet, zu dem Zwecke, dem Staate die Kreditbeschaffung zu erleichtern [3]). Die Bank hat daher nicht nur von jeher ihr gesamtes Aktienkapital, das sie nicht, wie die Reichsbank, als Betriebskapital sondern mehr als Reserve hält [4]), in französischen Staatsschuldverschreibungen angelegt [8]). Sie hat außerdem noch zu wiederholten Malen der französischen Regierung als Entgelt für die Erneuerung des Notenprivilegiums Vorschüsse [5]) gewährt, im Jahre 1857: 60 Millionen Frank, 1878: 80 Millionen Frank, 1897: 40 Millionen Frank: insgesamt 180 Millionen Frank. Seit dem Jahre 1896 vergütet der Staat für diese Vorschüsse, welche die Bank, solange ihr Privileg dauert, nicht zurückfordern kann, keine Zinsen mehr [6]).

[1]) Volksw. Chronik zu Conrads Jahrbüchern **1904** S. 118, 188, 189, 439; **1903** S. 655; **1905** S. 145, 776 und 777; **1906** S. 87, 635, 819 S. 821; **1907** S. 801.
[2]) Pommier S. 7, 49; Courtois, 2. Aufl. S. 111; de St.-Génis S. 17, 19; des Essars, S. 56.
[3]) Des Essars, S. 89; Courtois, 2. Aufl. S. 117, 127, 132, 134 Anml., 147, 185, 188, 199, 229, 257, 269; de St.-Génis S. 17.
[4]) De St.-Génis, S. 63; des Essars, S. 89: Schwalenberg, S. 20.
[5]) Loi du 17 nov. 1897 Art. 6; Bulletin des lois de la République Française, XIIe série, 2e semestre de 1897, tome 55ième No. 1911. S. 1521 ff., S. 1522 und Art. 7, ebenda S. 1522.
[6]) Loi du 17. nov. 1897, Art. 6 und 7.

Bis zum Jahre 1848 war der Betrag der von der Banque de France ausgegebenen Noten gesetzlich nicht beschränkt[1]). Im Jahre 1848[2]) wurde durch ein Dekret vom 15. März der Betrag des Notenumlaufes der Bank von Frankreich auf 350 Millionen Frank begrenzt. Dieser Betrag wurde verschiedentlich erhöht.

Das Gesetz vom 6. August 1850 beseitigte zugleich mit dem Zwangskurs, welcher den Noten im Jahre 1848 verliehen worden war, auch die Beschränkung der Notenausgabe auf einen Höchstbetrag[2]).

Dieser Zustand blieb unverändert bis zum Jahre 1870, wo aufs neue mit der Ausstattung der Noten mit Zwangskurs die Beschränkung des Notenumlaufes auf den Höchstbetrag von 1800 Millionen Frank verbunden wurde[3]). Die Bank von Frankreich darf die ihr in der Notenausgabe gesetzte Grenze nicht überschreiten. Dafür setzt die französische Regierung diese Grenze aber ziemlich weit und erhöht das Kontingent, sobald der Notenumlauf der Bank dasselbe zu erreichen droht. Infolgedessen ist diese Kontingentierung tatsächlich wenig wirksam. Der gesetzliche Höchstbetrag der Notenausgabe der Banque de France wurde durch das Gesetz vom 14. August 1871 auf 2400 Millionen Frank, durch Gesetz vom 29. Dezember 1871 auf 2800 Millionen Frank, durch Gesetz vom 15. Juli 1872 auf 3200 Millionen Frank erhöht[4]).

Im Jahre 1875 (durch Gesetz vom 3. August dieses Jahres) wurde die zeitweilige Entbindung der Bank von der Pflicht, ihre Noten in Bargeld einzulösen, außer Kraft gesetzt; die Noten blieben aber Kurantgeld, d. h. sie müssen in Frankreich bei allen Zahlungen, außer bei von der Bank zu leistenden, angenommen werden. Auch die Begrenzung

---

[1]) Arnauné, S. 332.
[2]) Courtois, S. 174, 177, 187, 188; de St.-Génis, S. 56, 57.
[3]) Loi du 12 août 1870; de St.-Génis, S. 66; Courtois, S. 257, 258.
[4]) De St.-Génis, S. 66; Pommier S. 20; Courtois, 2. Aufl. S. 257, 267, 268; des Essars S. 91; Arnauné, S. 333.

des Betrages der umlaufenden Noten blieb in Geltung. Das Kontingent wurde aber weiter erhöht, durch Gesetz vom 30. Januar 1884 auf 3,5 Milliarden, durch Gesetz vom 25. Januar 1893 auf 4 Milliarden, durch das Gesetz vom 17. November 1897 auf 5 Milliarden[1]) und zuletzt durch das Gesetz vom 11. Februar 1906 auf 5,8 Milliarden Frank[2]). Im Gegensatz zur deutschen Regierung, die durch die Einrichtung der Notensteuer die Reichsbank zur Erhöhung über 5 % zu nötigen sucht, ist die französische Regierung bestrebt gewesen, eine Erhöhung des Diskontes der Bank von Frankreich über 5 % möglichst zu verhindern in der richtigen Würdigung der Nachteile, die aus einem stärkeren Steigen des Diskontes für die Volkswirtschaft entstehen. Das Gesetz vom 9. Juni 1876 bestimmte bereits[3]), daß die Diskontoerträge der Bank von Frankreich, soweit sie aus einem Diskont von über 6 % herrühren, nicht an die Anteilseigner verteilt werden dürften, sondern in den Reservefonds der Bank (fonds social) fließen sollten.

Artikel 12 des Gesetzes vom 17. November 1897 änderte diese Bestimmung dahin ab, daß die Erträge aus einem Diskont von über 5 % zu einem Viertel in den Reservefonds und zu drei Vierteln den öffentlichen Kassen zufließen sollten.

Infolgedessen verliert eine Erhöhung des Diskontes über 5 % für die Bank von Frankreich bedeutend an Interesse, da ein hoher Diskont das Geschäft der Bank in Diskonten einschränken würde und der hierdurch entstehende Einnahmeausfall durch den höheren Diskontsatz nicht aufgehoben würde, weil der aus diesem herrührende Mehrertrag zum größten Teil in die Staatskassen flösse.

Weit wichtiger aber als die obige Bestimmung ist für

---

[1]) Pommier, S. 21; Swoboda, S. 369; Arnauné, S. 333; des Essars, S. 91. Loi du 17 nov. 1897; a. a. O., Art. 13, S. 1523.

[2]) Bulletin des lois, XIIe série, premier semestre de 1906, tome 72ième, s. 1869, No. 2714.

[3]) Courtois a. a. O. S. 228.

die Bewegung des Diskontes der Bank von Frankreich ein Umstand ganz anderer Art.

Wie wir gesehen haben, ist ein Hauptmotiv der Diskontpolitik der Bank of England und der Reichsbank die Befürchtung einer Verringerung des Barvorrates der Banken insbesondere durch Abfluß von Gold in das Ausland. Während diese Banken einen Goldabfluß vorwiegend durch Erhöhung ihres Diskontes zu verhindern oder zu schwächen suchen, bedient sich die Banque de France zur Erreichung des gleichen Zieles zwar nicht ausschließlich aber doch in erster Linie der sogenannten „Prämienpolitik"[1]).

Diese Prämienpolitik[1]) der Bank von Frankreich läßt sich nur im Zusammenhang mit der französischen Geldverfassung verstehen.

Da nämlich in Frankreich sowohl die Goldmünzen zu 20 Frank und zu 10 Frank als auch die silbernen Stücke zu 5 Frank definitives Kurantgeld sind[2]), so kann die Bank von Frankreich sowohl in Goldgeld als in silbernen Fünffrankstücken ihre Noten einlösen und Zahlungen machen. Je nachdem nun die Bank Gold oder Fünffrankstücke im Überfluß in ihrem Besitze hat, löst sie ihre Noten in Goldgeld oder in Silbermünzen ein. Meistens gibt die Bank bei Einlösung der Noten Fünffrankstücke aus. Verlangt der Inhaber der Noten dann Gold, so gibt die Bank, falls es sich um einen unbedeutenden Betrag handelt, in der Regel französische Goldmünzen und zwar gewöhnlich durch Umlauf abgenutzte, für den Export deshalb nicht verwendbare Stücke her. Werden größere Beträge in Gold verlangt, so gibt sie Barrengold und ausländische Goldmünzen nur gegen Zahlung einer von Fall zu Fall festgesetzten „Prämie"

---

[1]) Pierre des Essars, S. 90; Rosendorff, a. a. O. S. 364 ff., 634; Swoboda, a. a. O. S. 380 und 381; Arnauné, a. a. O. S. 425 ff.
[2]) Rapport du directeur des monnaies au ministre des finances, Xme année 1905; annexe XXXIII.
[2]) Rapport du directeur des monnaies au ministre des finances, Xme année 1905; S. 3, annexe I; Arnauné, a. a. O. S. 175 und 176.

heraus. Diese Prämie ist ein von Seiten der Bank erhobener, in Promille berechneter Zuschlag zu dem von der Bank selbst beim Ankauf von Gold gezahlten, festen Preise von 3437 Frank pro Kilogramm Feingold[1]). Dieser Aufschlag betrug zeitweise bis zu neun Promille.

Die Hergabe französischer Goldmünzen in bedeutenden Beträgen verweigert die Banque de France, außer, wenn sie weiß, daß das verlangte Gold zur Bezahlung eingeführten Getreides oder eingeführter Baumwolle dienen soll oder wenn ihr Wechsel mit einer Laufzeit von 75—90 Tagen zum Diskont gegen Gold angeboten werden, da Wechsel mit so langer Laufzeit bei der Bank selten diskontiert werden.

Für die Hergabe französischer Goldmünzen (Napoléons) in diesen Fällen verlangt die Bank keine Prämie.

Sobald die Bank von Frankreich eine Prämie für die Hergabe von Gold fordert, werden ihr nur in solchen Fällen Noten zur Einlösung präsentiert werden, in denen der Inhaber der Noten Gold zum Export ins Ausland zu erhalten wünscht, oder aber zu Zahlungen, die er in einem zur lateinischen Münzunion gehörenden Lande zu leisten hat, Fünffrankstücke[2]) von der Bank bezieht. Eine solche Umwechslung von Noten gegen Fünffrankstücke findet aber nur gelegentlich statt, da infolge des beträchtlichen Umlaufes von Silberkurantgeld in Frankreich im allgemeinen an solchen kein Mangel herrscht. Eine Einlösung der Noten aber, um für Zahlungen im Inlande Metallgeld zu erhalten, findet höchstens für Zwecke des Kleinverkehrs und zu Lohn-

---

[1]) Swoboda, S. 377; Arnauné, S. 164 und 165.
[2]) Arnauné, S. 177 und 178. Die von einem der Münzbundstaaten ausgegebenen Goldstücke zu 20 Frank und 10 Frank, sowie die Fünffrankstücke müssen in allen der Münzunion beigetretenen Staaten (Frankreich, Belgien, Italien, Griechenland, Schweiz) bei den öffentlichen Kassen und seitens der Banque de France angenommen werden. In Italien, der Schweiz und Griechenland sind die von einem der Münzbundstaaten ausgegebenen Geldstücke zu 20 Frank, 10 Frank und 5 Frank Kurantgeld, sie müssen bei allen Zahlungen angenommen werden. Arnauné, S. 192.

zahlungen statt und dann natürlich nur in Silberkurantgeld oder Scheidegeld, denn niemand wird für die Einlösung in Barrengold eine Prämie zahlen, um alsdann das erhaltene Gold in Napoléons ausprägen zu lassen und diese zu Zahlungen innerhalb Frankreichs zu verwenden, wo die Noten gerade so bereitwillig in Zahlung genommen werden und genommen werden müssen wie das Goldgeld, da sie seit 1870 Kurantgeld sind.

Die von der Bank von Frankreich für die Hergabe von Barrengold und ausländischen Münzen verlangte Prämie allein verhindert einen Abfluß von Gold in das Ausland nicht; sie verhindert dagegen unter allen Umständen einen Abfluß von Gold aus den Beständen der Bank in den inneren Geldumlauf.

Infolgedessen weiß die Bank von Frankreich, daß alles Gold, das aus ihren Kassen gegen Prämie abfließt, in das Ausland ausgeführt wird, sofern es nicht etwa in der Industrie verbraucht wird, und sie kann alsdann, je nachdem sie es für gut befindet, ferner Gold zum Export hergeben oder die weitere Hergabe verweigern.

Die Bank von Frankreich braucht also nicht, um einen Abfluß von Gold zu verhindern, ihren Diskont zu erhöhen.

Da die Banque de France ihren Diskontsatz nur sehr selten verändert, so ist die Folge, daß, sobald der Diskont am Pariser Markte infolge zunehmender Kreditnachfrage steigt und sich dem Banksatze nähert, ein wachsender Teil des Wechselangebotes sich der Bank von Frankreich zuwendet, dadurch die Inanspruchnahme der Kreditmittel des Marktes vermindert und ein weiteres Steigen des Marktdiskontes verhindert wird.

Der Kredit der Bank wird um so lebhafter in Anspruch genommen, je stärker in Frankreich die Nachfrage nach Kredit ist. Dagegen verliert das Diskontogeschäft der Bank gegenüber dem an der Börse an Umfang, wenn in Frankreich der Kreditbedarf abnimmt.

Die Bank von Frankreich übt demnach eine dämpfende Wirkung auf die Schwankungen des Marktdiskontes aus, indem sie den Markt durch Steigerung des eigenen Diskontogeschäftes entlastet, sobald die am Markte auftretende Kreditnachfrage zu groß ist, um mit den an der Börse verfügbaren Kreditmitteln befriedigt werden zu können. Auch in Frankreich ist die Zentralbank aus ihrer beherrschenden Stellung im Diskontogeschäfte verdrängt worden durch die Entwicklung der Großbanken. Hier ist die Konzentration im Bankgewerbe sogar noch weiter fortgeschritten als in Deutschland.

Während die Banque de France im Jahre 1870 noch mehr Wechsel im Portefeuille hatte als die drei nach ihr größten Banken Frankreichs zusammen, hatten diese drei Banken am Ende des Jahres 1906 einen beinahe doppelt so großen Wechselbestand wie die Bank von Frankreich. Eine dieser Banken, der Crédit Lyonnais, hatte Ende 1906 einen beinahe ebenso großen Wechselbestand, in den Jahren 1901 und 1904 sogar ein größeres Portefeuille als die Zentralnotenbank.

4. Österreich-Ungarn.

Die Österreichisch-ungarische Bank, die einzige Notenbank in Österreich und Ungarn, trat am 1. Juli 1878 als Nachfolgerin der im Jahre 1816 gegründeten „Privilegierten Österreichischen Nationalbank ins Leben[1]). Ihr Notenprivileg beruht auf dem Übereinkommen der Bank mit den Regierungen von Österreich und Ungarn vom Jahre 1878[1]); es wurde verlängert durch die Übereinkommen der Jahre 1887, 1897, 1898, 1899[2]). Durch das letztere[2]) wurde das Privileg der Bank bis zum 31. Dezember 1910 verlängert.

Die Noten der Österreichisch-ungarischen Bank sind Kurantgeld und das valutarische Geld Österreich-Ungarns, in dem die Regierungen in der Regel ihre Zahlungen machen und

---

[1]) Die Agioreserve ... S. 93, 98; Leonhardt a. a. O. S. 10; — v. Mecenseffy S. 3 und 4.
[2]) Kaiserl. Verordn. v. 21. September 1899. (R. G. Bl. Nr. 176, S. 881 ff.) Zuckerkandl S. 434.

Die Kreditgewährung der Banque de France und der (drei[1]) größten französischen Privatbanken.

Am Ende des Jahres	betrug in Millionen Frank						
	das Wechselportefeuille			die Anlage in Wechseln, Lombard und Reports			
	bei der Bank von Frankreich	bei den drei[1]) Großbanken	bei dem Crédit Lyonnais		bei der Bank von Frankreich	bei den drei[1]) Großbanken	bei dem Crédit Lyonnais	inkl. Vorschüsse in Compte courant
1890	995,3	733,6	459,9		1280	1047	599
1900	848	1363,2	759,7		1360	1781	921
1901	855	—	859,5		1385	—	1017	1411
1902	837	—	802		1220	—	1052	1421
1903	1040	—	836		1546	—	1133	1487
1904	765	—	1025		1368	—	1562	2041
1905	1098	—	1030		1601	—	1426	1961
1906	1256	2414,3	1138		1835	3337	1630	2158

[1]) Crédit Lyonnais, Comptoir national d'Escompte, Société Générale.

Nach Hegemann, a. a. O. und Statistisches Jahrbuch für das Deutsche Reich, Internationale Übersichten Jahrbuch für 1908, Anhang S. 75 Tabelle 38 c.

das sie dem Zahlungsempfänger selbst wider seinen Willen aufdrängen[1]).

Für das Verständnis der heutigen Geld- und Notenbankverfassung Österreich-Ungarns ist es unumgänglich notwendig, sich in aller Kürze den Verlauf der Entwicklung des österreichisch-ungarischen Geldwesens zu vergegenwärtigen.

Im Jahre 1858 bis zum Jahre 1859 war der Silbergulden das valutarische Geld Österreich-Ungarns. Im Jahre 1859 sah sich die österreichisch-ungarische Regierung gezwungen, um sich die erforderlichen Geldmittel zur Führung des Krieges gegen die mit Napoleon III. verbündeten Italiener zu verschaffen, der Österreichischen Nationalbank, der Vorgängerin der Österreichisch-ungarischen Bank, ihren Silbervorrat zu nehmen[2]).

Da dadurch die Bank außerstande gesetzt war, ihre Noten einzulösen, so entband die Regierung sie von der Einlösungspflicht und verlieh den Noten Zwangskurs[2]).

Nach Beendigung des Krieges beabsichtigte man, der Bank den genommenen Silbervorrat zurückzuerstatten und die Einlösbarkeit ihrer Noten wieder durchzuführen[3]).

Aber noch vor Wiederaufnahme der Barzahlungen brach der Krieg gegen Preußen aus. Da eine Anleihe im Auslande nicht unterzubringen war, so beschloß der Staat, sich die Mittel zur Kriegsführung dieses Mal durch die Ausgabe von Staatsnoten zu beschaffen[4]). Diese Staatsnoten waren ein uneinlösbares mit Zwangskurs ausgestattetes Papiergeld, von dem der Staat in der Zeit vom 5. Mai 1866 bis zum 24. Dezember 1867 für 312 Millionen Gulden ausgab[4]). Seit dem 29. April 1859 sind die Noten der Österreichisch-ungarischen Bank, seit dem 5. Mai 1866 waren Banknoten und Staatsnoten das valutarische Geld Österreich-Ungarns.

Nachdem der Staat die Folgen des Krieges überwunden

---

[1]) Art. 86 und 111 der Bankstatuten (R. G. Bl. 1899 S. 881 ff.); Zuckerkandl a. a. O. S. 439 Spalte 2.
[2]) Zuckerkandl a. a. O. S. 424.
[3]) Zuckerkandl a. a. O. S. 424 und 425.
[4]) Zuckerkandl a. a. O. S. 427.

hatte, beschlossen die Regierungen an eine Neuordnung des Geldwesens der Monarchie heranzutreten, und zwar beabsichtigte man, bares Goldgeld zur Grundlage der neuen Geldverfassung zu machen. Die Neuregelung des Geldwesens der Österreichisch-ungarischen[1]) Monarchie vollzog sich auf Grund der Gesetze vom 2. August 1892, vom 9. Juli 1894 und der kaiserlichen Verordnung vom 21. September 1899. Durch das Gesetz vom 2. August 1892[2]) wurde der Übergang von der bisher bestehenden „Österreichischen Währung" zu der als Goldwährung gedachten „Kronenwährung" mit der „Krone" = $^1/_2$ Gulden ö. W. als Rechnungseinheit beschlossen. Gold war von nun an frei prägbar in Stücke zu 20 Kronen und zu 10 Kronen und zwar werden aus 1 kg Feingold 3280 Kronen geprägt.

Die Goldmünzen zu 20 Kronen und 10 Kronen sowie die Geldstücke der ö. W. zu 2 Gulden, 1 Gulden und $^1/_2$ Gulden, deren Prägung völlig eingestellt (gesperrt) wurde, sind Kurantgeld.

Das valutarische Geld Österreich-Ungarns blieben die Banknoten und Staatsnoten. Die Gesetze von 1894 und 1899 beauftragten dann die beiden Regierungen mit der Einziehung der Staatsnoten[3]). Zu diesem Zwecke wurden die Finanzminister ermächtigt, durch Begebung 4 %iger in Gold zahlbarer österreichischer bzw. ungarischer Anleihe sich Gold zu verschaffen, das erhaltene Gold in Stücke der Kronenwährung zu 20 und 10 Kronen ausprägen zu lassen und diese bei den Staatszentralkassen oder bei der Österreichisch-ungarischen Bank zu hinterlegen. Es sollten dann bis zu 240 Millionen Gulden ö. W. in solchen Goldmünzen bei der Zentralnotenbank hinterlegt und dafür von dieser silbernes Kurantgeld ö. W. oder Banknoten bezogen werden. Gegen Ausgabe dieser Geldarten sowie vom Staate für seine

---

[1]) Zuckerkandl a. a. O. S. 433.
[2]) Zuckerkandl a. a. O. S. 434 ff.
[3]) Zuckerkandl a. a. O. S. 435 Spalte 1.

Rechnung ausgeprägter notaler silberner Scheidemünzen zu 1 Krone und 5 Kronen im Betrage von insgesamt 72 Millionen Gulden ö. W. sollten die Staatsnoten eingezogen werden, zunächst 200 Millionen Gulden ö. W., auf Grund der Verordn. v. 1899 der Rest. Die Einziehung der Staatsnoten ist am 31. August 1907 zum Abschluß gebracht worden.

Durch die Verordnung von 1899 wurde ferner die Österreichisch-ungarische Bank ermächtigt, entgegen den Bestimmungen von Art. 82 der Bankstatuten, wonach die Noten der Bank nicht auf Beträge unter 50 Kronen lauten dürfen, bis zur Aufnahme der Barzahlungen auch Noten in Stücken zu 20 Kronen und, bis zu einem Höchstbetrage von 180 Millionen Kronen, auch zu 10 Kronen auszugeben. Mit den Noten zu 10 Kronen sollte die Bank Staatsnoten einlösen.

Die von Seiten des Staates hinterlegten Goldmünzen, welche die Bank als Deckung erhalten hat für Banknoten, welche sie an Stelle von eingezogenen Staatsnoten in Umlauf brachte, darf die Bank bis zur Wiederaufnahme der Barzahlungen nicht verausgaben und nur zur Deckung eben dieser an Stelle von Staatsnoten in Umlauf gebrachten Banknoten, nicht aber des übrigen Notenumlaufes, verwenden. Der Betrag der an Stelle von Staatsnoten ausgegebenen Banknoten belief sich am 31. August 1907 auf 398 799 000 Kronen[1]. Erst wenn der Staat die Aufnahme der Barzahlungen durch die Bank anordnet, wird er die hinterlegten Goldmünzen der Bank als freies Eigentum überlassen.

Solange in Österreich-Ungarn die Barzahlung von Seiten des Staates eingestellt ist, bleibt die Bank von ihrer gesetzlichen Verpflichtung, ihre Noten in kurantem Metallgeld einzulösen, (Art. 83 der Statuten) entbunden (Art. 111 der Statuten)[2].

Der Betrag der nicht durch Metallgeld gedeckten Noten

---

[1] Jahresbericht der Österreichisch-ungarischen Bank für 1907. Wien 1908.

[2] Zuckerkandl a. a. O. S. 439 Spalte 2.

der Bank war anfangs nach dem Muster der Bank von England „direkt kontingentiert"[1]). Seit dem 1. Januar 1888 gilt für die nicht durch Metall gedeckten Noten der Österreichisch-ungarischen Bank das aus der deutschen Notenbankgesetzgebung übernommene System der „indirekten Kontingentierung". Überschreitet der Betrag der nicht durch den Metallvorrat der Bank gedeckten Noten das Kontingent von 200 Millionen Gulden = 400 Millionen Kronen, so muß die Bank eine Steuer von 5% des Betrags der Kontingentsüberschreitung an die Staatsverwaltungen entrichten[2]). Die Noten der Bank müssen ferner mindestens zu zwei Fünfteln durch den Metallvorrat der Bank gedeckt sein[2]).

Bis zur Aufnahme der Barzahlungen darf die Bank für bis zu 60 Millionen Kronen in ihrem Besitz befindliche Wechsel auf das Ausland in die Metalldeckung einrechnen[3]).

Die indirekte Kontingentierung der nicht durch Metallgeld gedeckten Noten und die Quotendeckungsvorschrift verfehlen bei der Österreichisch-ungarischen Bank eigentlich ihren Zweck. Der Zweck dieser Vorschriften ist doch, zu verhindern, daß die Notenbank infolge zu geringen Metallgeldvorrates sich einmal außerstande sehen sollte, ihre Noten in Metallgeld einzulösen. Eine solche Verpflichtung besteht aber bis jetzt für die Bank nicht. Beide Vorschriften erklären sich aber aus dem Umstande, daß man bei Erteilung und Erneuerung den bestehenden Zustand der Geldverfassung nur als einen vorübergehenden betrachtete und die Staatsverwaltungen entschlossen waren, so bald wie möglich die Barzahlungen wiederaufzunehmen.

Natürlicherweise wird aber durch diese Vorschriften die Diskontpolitik der Bank stark beeinflußt. Die Bank

---

[1]) Die Agioreserve S. 8, 98. Mecenseffy, Bericht über den Goldbesitz S. 4; Mecenseffy, Die Verwaltung der Österreichisch-ungarischen Bank S. 4.

[2]) Die Agioreserve S. 9; Art. 84 des Gesetzes vom 21. 5. 1887; Mecenseffy, S. 4.

[3]) Bankstatuten, (Kaiserl. Verordn. v. 21. 9. 1899; — R. G. Bl. S. 878 ff., Nr. 176; S. 881 ff.) Art. 111, Abs. 4.

Der steuerpflichtige Notenumlauf und der gleichzeitige Diskontsatz der Österreichisch-ungarischen Bank an den Ausweistagen seit 1896. Es betrug in Millionen Gulden, ab 1900 in Millionen Kronen der steuerpflichtige Notenumlauf, in % der Diskont des Jahres:

am:	1896 Mill. Gulden	%	1897 Mill. Gulden	%	1898 Mill. Gulden	%	1899 Mill. Gulden	%	1900 Mill. Kronen	%	1905 Mill. Kronen	%	1906 Mill. Kronen	%	1907 Mill. Kronen	%	1908 Mill. Kronen	%
1. Januar	31,2	5	6,5	4			44,9	5	9,9	5,5			24,5	4,5	130,3	4,5	187,0	6
7. „	4,1	5					12,6	5							14,1	4,5		
30. April					8,1	4									27,0	4,5		
30. Juni					11,8	4	9,7	5							33,7	5		
31. Juli					15,0	4,5	14,9	6							35,1	5		
31. August					6,0	4,5	10,4	6							91,5	5		
7. September					40,2	4,5									47,7	5		
15. „					31,9	4,5	14,2	6					45,6	4,5	51,2	5		
23. „					18,4	4,5	6,3	6					31,9	4,5	32,8	5		
30. „													5,6	4,5	167,1	5		
7. Oktober															134,2	5		
15. „															118,8	5		
23. „															93,2	5		
31. „	7,3	4									7,4	4,5	130,8	4,5	242,1	5		
7. November	5,5	4											66,7	4,5	174,1	5		
15. „													21,1	4,5				
23. „					9,1	5									42,1	6		
30. „					0,6	5							19,8	4,5	98,4	6		
7. Dezember					0,2	5									35,8	6		
15. „															26,0	6		

Nach den Jahresberichten der Österreichisch-ungarischen Bank.

muß durch Erhöhung ihres Diskontes zu verhindern suchen, daß ihr Kredit so stark in Anspruch genommen wird, daß sie infolgedessen zur Überschreitung des zweieinhalbfachen Betrages ihres Metallvorrates durch den Notenumlauf genötigt wird. Schon eine Überschreitung des steuerfreien Notenumlaufes soll die Bank nur ausnahmsweise zulassen, wenn sie das System der indirekten Kontingentierung sinngemäß befolgt. Aber auch bei der Österreichisch-ungarischen Bank, gerade so wie bei der Reichsbank, erreicht dieses System die automatische Regulierung der Höhe des Bankdiskontes und des Betrages der umlaufenden, nicht bar gedeckten Noten in den meisten Fällen nicht.

Im Jahre 1908 betrug an 15 von den 16 Ausweistagen, an denen die Bank einen steuerpflichtigen Notenumlauf aufwies, an denen also die Notensteuer von 5 % fällig wurde, der Diskont nur 4 %[1]).

Die Diskontpolitik der Bank wird ferner in hohem Maße beeinflußt durch die Regulierung des Kurses der österreichischen Valuta im Auslande, welche der Staat der Bank zur Aufgabe gemacht hat. Die Österreichisch-ungarische Bank soll nämlich den Kurs der ausländischen Wechsel an der Wiener Börse möglichst auf der vom Staate angenommenen Parität von 240,174 Kronen für 10 £, von 117,653 Kronen für 100 Mk., 95,226 Kronen für 100 Frank halten[2]). Nach Artikel 88 der Statuten ist die Bank verpflichtet, alles ihr angebotene Gold zum Satze von 3278 Kronen für das Kilogramm Feingold gegen Noten umzuwechseln. Hierdurch wird der Bewegung des Kurses der Wechsel auf Länder mit Goldwährung eine untere Grenze gesetzt, der sogenannte „Goldpunkt gegen jene Länder", unter den der Wechselkurs nicht fallen kann, da sonst die Bewohner eines solchen Landes, welche Zahlungen in Österreich-Ungarn zu leisten haben, es vorziehen würden, statt die Zahlungen

---

[1]) Frankfurter Zeitung. Zweites Morgenblatt vom 28. 1. 1909, S. 3, Sp. 1 und 2.
[2]) Hertz, a. a. O. S. 513.

mittelst Devisen zu bewirken, valutarisches Goldgeld ihres Landes nach Österreich zu senden, wo die Bank es zum festen Satze in valutarisches Geld Österreich-Ungarns umwechselt. Unter den gleichen Verhältnissen würde es ferner für die österreichischen Banken gewinnbringend sein, Wechsel auf solche Länder an der Wiener Börse aufzukaufen, sie im Auslande diskontieren zu lassen oder einzukassieren und das dafür empfangene Gold bei der Österreichisch-ungarischen Bank einzuliefern.

Während also dadurch, daß alles Gold jederzeit zum festen Satze bei der Österreichisch-ungarischen Bank in valutarisches Geld Österreichs umgetauscht werden kann, dem Kurs der Devisen in Österreich eine untere Grenze gesetzt ist, fehlt eine entsprechende obere Grenze des Kurses der Wechsel auf Länder, in denen das Gold frei in Kurantgeld ausprägbar ist. Da in Österreich das bare Goldgeld nicht, wie in Deutschland und England, valutarisch (d. h. auf Verlangen stets erhältlich) ist, so kann das valutarische Geld Österreichs nicht, wie das jener beiden Länder, durch Einschmelzen zu festem Satz in Gold verwandelt und in Kurantgeld des Auslandes ausgeprägt werden. Ferner fehlt jegliche Grenze für die Bewegung der Kurse von Devisen auf Länder, in denen das Goldgeld nicht valutarisch und auf solche Länder, in denen es nicht frei prägbar ist.

Um auch die Aufwärtsbewegung der Devisenkurse über den als Parität angenommenen Stand hinaus in möglichst engen Grenzen zu halten sowie, um die Schwankungen des Kurses nicht in Gold zahlbarer Devisen einzuengen, übt die Österreichisch-ungarische Bank eine besondere „Kursverwaltung" [1]) aus. Zu diesem Zwecke hält die Bank einen bedeutenden Vorrat an Devisen, sowie Guthaben bei ausländischen Korrespondenten, auf die bei Bedarf Wechsel auszustellen sie daher in der Lage ist. Die Bank verstärkt ihren Devisenbesitz durch Ankauf langer Wechsel auf das Ausland, wenn die Devisenkurse niedrig stehen. Dagegen

---

[1]) Hertz, a. a. O. S. 507 ff. — Zuckerkandl, a. a. O. S. 438 ff.

verhindert sie ein Steigen der Devisenkurse über den Paristand hinaus, indem sie kurzfristige Wechsel auf das Ausland aus ihrem Portefeuille oder Schecks auf ihre auswärtigen Korrespondenten an diejenigen abgibt, welche Zahlungen an das Ausland zu machen haben. Dadurch verringert sich die Nachfrage nach Devisen an der Börse und der Wechselkurs auf das Ausland sinkt. Zu dem gleichen Zwecke, nämlich zu Zahlungen an das Ausland, und zwar an solche Länder, in denen Gold frei in Kurantgeld ausprägbar ist, gibt die Österreichisch-ungarische Bank auch Barrengold oder aber fremdes Goldgeld ab, wenn der Stand der Wechselkurse auf solche Länder ein für Österreich ungünstiger, hoher ist. Die Bank ist also genötigt, zur Regulierung des Standes der österreichisch-ungarischen Valuta Gold oder Devisen abzugeben. Dadurch verschlechtert sich aber das Verhältnis des Metallvorrates zum Notenumlauf und vermindert sich der Betrag der der Steuerpflicht nicht unterliegenden Noten. Infolgedessen sieht sich die Österreichisch-ungarische Bank genötigt, ihren Diskont zu erhöhen, um einerseits die an die Bank herantretenden Ansprüche der inländischen Kreditnehmer und damit den Notenumlauf entsprechend einzuschränken, ferner aber auch unter Umständen eine direkte Erhöhung des Kurses der österreichischen Wechsel im Auslande oder, was dasselbe ist, ein Sinken des Devisenkurses in Österreich herbeizuführen und so eine weitere Abgabe von Gold und Devisen unnötig zu machen.

Das System der indirekten Kontingentierung und die Vorschrift der Quotendeckung stehen also der Durchführung der von seiten des Staates der Bank zugewiesenen Aufgabe der Kursregulierung hindernd im Wege. Die Valutaregulierung geschieht doch, um den Handel der Monarchie vor Verlusten, die aus Schwankungen der Wechselkurse entstehen würden, zu bewahren. Der Nutzen, der aus dieser Kursregulierung für den Handel entspringt, wird aber zum größten Teil, wenn nicht völlig dadurch illusorisch gemacht, daß die Bank sich genötigt sieht, um den gesetzlichen Vorschriften genügen zu können, ihren Diskont zu erhöhen und den der heimischen Volkswirtschaft gewährten Kredit nach Möglichkeit einzuschränken oder zu verteuern. Die Durchführung der Valutaregulierung und die Einhaltung der gesetzlichen Vorschriften durch die Bank lassen sich aber nur vereinigen durch Erhöhung des Diskontes. Während die österreichische Geldverfassung mit der valutarischen Stellung der uneinlösbaren Banknoten und der große Goldvorrat der Zentralnotenbank, den diese zur Regulierung des Kurses der österreichischen Valuta gegen das Ausland verwenden sollte, die Grundlage bilden könnten für einen niedrigen Diskont der Österreichisch-ungarischen Bank und einen festen Stand der Devisenkurse, macht das System der indirekten Kontingentierung zusammen mit der Quotendeckungsvorschrift die wohltuenden Wirkungen dieser vernünftig eingerichteten österreichischen Geldverfassung zunichte, indem sie die Bank zwingen, entweder die ihr vom Staate übertragene Regulierung des Standes der österreichischen Valuta gegenüber dem Auslande nicht oder aber auf Kosten der einheimischen Industrie und des einheimischen Handels auszuführen.

Es ist eine bemerkenswerte Tatsache, daß die österreichisch-ungarische Monarchie, als sie wider ihren Willen, durch die Notwendigkeit gezwungen, eine neue Regelung des Geldwesens vornahm, zugleich auch das theoretisch Richtige traf, während sie blindlings in die Irre ging, wenn sie zielbewußt an die Regelung ihres Geld- und Notenbankwesens herantrat. Die Tatsache mag ihre Erklärung darin finden, daß die österreichisch-ungarischen Gesetzgeber bei einer zielbewußten Regelung weniger bestrebt waren, eine den Eigenarten der einheimischen Verhältnisse möglichst angepaßte Regelung zu finden, als vielmehr eine ihnen vorzüglich bewährt scheinende Einrichtung eines fremden Landes möglichst getreu zu kopieren, ohne sich lange zu fragen, ob diese gerade für Österreich die am besten geeignete sei.

Als die Notenausgabe der Österreichischen Nationalbank, die bis 1858 keinen Beschränkungen unterlag, und für die im Jahre 1858 durch Kaiserliche Verordnung vom 30. 8.

1858 (R. G. Bl. Nr. 131) Dritteldeckung vorgeschrieben wurde, durch das Gesetz vom 27. 12. d. J. 1862 „direkt kontingentiert" wurde, schloß man sich in Österreich so eng an das Vorbild, die Peel-Akte, an, daß man in das Privileg der Bank die Bestimmung aufnahm, daß ein Viertel des Barvorrates der Bank aus Gold bestehen dürfe[1]). Diese Bestimmung hatte für Österreich absolut keinen Zweck. Sie ist aber die Kopie der analogen für die Bank von England geltenden Bestimmung, wonach diese bis zu ein Fünftel des Metallvorrates in Silber halten durfte, eine Bestimmung, die sich aus dem Bedarf der englischen Regierung an Silber für in Indien zu leistende Zahlungen erklärt.

Im Jahre 1883 ging man dann in Österreich zum System der „indirekten Kontingentierung" über, obwohl dieses System für Österreich einen Zweck nicht haben konnte, da dort Papierwährung bestand, und der Staat sehr oft durch Ausgabe von Staatsnoten die Diskontpolitik der Bank durchkreuzte und an Stelle der von der Bank zurückgezogenen Noten erneut Staatsnoten in Umlauf brachte.

5. Niederlande.

Die Nederlandsche Bank ist die einzige Bank in den Niederlanden, welche Noten ausgeben darf[2]). Sie wurde im Jahre 1814 gegründet. Ihr Privileg beruht auf dem Kon. Besl. vom 11. 6. 1814 (Staatsblad Nr. 64) und wurde verlängert durch Kon. Besl. vom 21. 8. 1838 (Stbl. Nr. 29) und weiter durch die Gesetze vom 22. 12. 1863 (Stbl. Nr. 148), vom 7. 8. 1888 (Stbl. Nr. 122) und vom 31. 12. 1903 (Stbl. Nr. 335[3]). Dies letzte Gesetz verlängert die Dauer des Privilegs bis zum 31. 3. 1919. Der Geschäftskreis der Niederländischen Bank ist wie der der anderen Notenbanken durch Gesetz und Statuten begrenzt. Die Bank darf im wesentlichen

---

[1]) „Die Agioreserve der Österreichisch-ungarischen Bank", eine Studie zur Währungs- und Bankfrage. Wien 1898, S. 98.
[2]) De Greef, a. a. O. S. 167, Gerritsen a. a. O. S. 28 und 29.
[3]) De Nederlandsche Bank; Loi et Statuts.

(Gesetz Art. 7, Statuten Art. 7) nur Wechsel mit zwei und mehr Unterschriften und einer Laufzeit bis zu sechs Monaten sowie innerhalb drei Monate fällige im Inlande zahlbare Schuldverschreibungen diskontieren, ferner Devisen und sonstige Auslandseffekten mit zwei solidarisch Haftenden und usancemäßiger Laufzeit kaufen und verkaufen. Die Anlage in im Auslande zahlbaren Werten darf aber den Betrag des „Beschikbaar Metaalsaldo" nicht mehr als 14 Tage lang übersteigen. (Ges. Art. 7, Z. 5.) Ferner darf die Bank Gold und Silber kaufen und verkaufen oder ausmünzen lassen, auf Effekten und Waren Vorschüsse gewähren, das Depositengeschäft und den Giroverkehr pflegen.

Bis zum Jahre 1904 gab außer der Niederländischen Bank auch der Staat Noten aus, die sogenannten „Muntbiljetten". Dieselben wurden zuerst im Jahre 1845 ausgegeben [1]).

Die Muntbiljetten waren „wettig betaalmiddel" d. h. Kurantgeld. Sie waren auf Verlangen bei der Niederländischen Bank einlösbar in silbernes Währungsgeld (Standpennigen) zu $2^{1}/_{2}$ Gulden, 1 Gulden, $^{1}/_{2}$ Gulden. Durch Gesetz vom 27. 4. 1884[2]) (Stbl. Nr. 98) wurde der Höchstbetrag der Ausgabe von Staatsnoten auf 15 Millionen Gulden festgesetzt und als Deckung derselben ein Betrag von 1 010 300 Gulden 3 %ige nationale Schuld und von 18 788 000 Gulden $2^{1}/_{2}$ %ige nationale Schuld in das Grootboek (Staatsschuldbuch) eingetragen.

Im Jahre 1903 (Gesetz vom 31. 12., Stbl. Nr. 336) wurde beschlossen, die weitere Ausgabe von Muntbiljetten einzustellen und die ausgegebenen Staatsnoten einzuziehen. Zu diesem Zwecke wurde die Niederländische Bank bei Erneuerung ihres Privilegs im Jahre 1903 verpflichtet, bei der Einziehung der Mundbiljetten mitzuwirken und dem Staate auf Verlangen des Finanzministers einen zinsfreien Vorschuß von bis zu 15 000 000 Gulden in laufender Rechnung

---

[1]) Gerritsen, a. a. O. S. 46 ff.
[2]) Gerritsen, a. a. O. S. 49.

auf solange zu gewähren, als der Staat keine Muntbiljetten ausgibt und das „Beschikbaar Metaalsaldo" der Bank nicht unter 10 Millionen Gulden gefallen ist [1]). Die Niederländische Bank ist verpflichtet, ihre Noten jederzeit auf Verlangen einzulösen [2]). Damit die Fähigkeit der Bank, ihre Noten einzulösen und ihren sonstigen Verpflichtungen nachzukommen, für alle Fälle gesichert ist, muß dieselbe nach Gesetz und Statuten für alle täglich fälligen Verbindlichkeiten, Noten und Depositen, eine Deckung von 40% des Betrages derselben in Metall vorrätig halten [3]). Hierdurch ist der Notenumlauf der Niederländischen Bank beschränkt auf das Zweieinhalbfache des Metallvorrates vermindert um den Betrag der sonstigen täglich fälligen Verbindlichkeiten der Bank. Denjenigen Betrag, um den der Metallvorrat der Bank 40% des Betrages der sämtlichen täglich fälligen Verbindlichkeiten übersteigt, bezeichnet man als „Beschikbaar Metaalsaldo". Das ist also jener Betrag, der der Bank als Deckung für eine weitere Notenausgabe und damit für eine Erweiterung ihrer Kreditgewährung zur Verfügung steht. Die Bank kann jeweils noch bis zum zweieinhalbfachen jenes Betrages mittelst Ausgabe von Noten oder Gutschrift in laufender Rechnung Kredit gewähren. Das „Beschikbaar Metaalsaldo" vermindert sich bei jeder Zunahme des von der Bank in Noten oder in laufender Rechnung gewährten Kredites um 40% des Betrages dieser Zunahme. Nimmt dagegen der Metallvorrat der Bank ab, so verringert sich naturgemäß das „Beschikbaar Saldo" um den vollen Betrag dieser Abnahme. Die Bank muß infolgedessen danach trachten, durch die Diskontpolitik eine zu starke Verringerung des „Beschikbaar Saldo" und damit die Gefahr einer Unterschreitung des vorgeschriebenen Deckungsverhältnisses durch den Metallvorrat zu verhindern.

---

[1]) Loi et statuts, S. 6, Art. 11 bis.
[2]) Loi et statuts, S. 6, 7, Art. 13 und 14 und S. 19, Art. 12; S. 20, Art. 13.
[3]) Loi et statuts, Ges. Art. 16, S. 7 Anm. zu Art. 16.

Da seit dem Gesetz vom 6. 6. 1875 in Holland das bare goldene Zehnguldenstück[1]) und die silbernen Münzen zu 2½ Gulden, 1 Gulden und ½ Gulden, deren Ausprägung durch das Gesetz vom 3. 12. 1874 gesperrt wurde[2]), definitives Kurantgeld sind, so kann die Niederländische Bank ihre Noten in Zehnguldenstücke oder in Silberkurantmünzen einlösen. Tatsächlich löst die Bank ihre Noten in Silber ein. Da nun seit Inkrafttreten des Gesetzes vom 18. Juli 1904, seit 1. Oktober 1904 die Noten der Bank gesetzliches Zahlungsmittel für alle Zahlungen, ausgenommen seitens der Bank zu leistende, sind[3]), so findet eine Einlösung der Noten nur zur Befriedigung des Bedarfs des Verkehrs an Geldstücken kleineren Betrages statt. Infolgedessen würde eine Verminderung des Barvorrates der Bank beinahe ausgeschlossen sein, wenn sich die Bank es nicht zur Aufgabe gemacht hätte, für möglichste Beständigkeit der Devisenkurse zu sorgen. Zu diesem Zwecke kauft die Bank einerseits alles ihr zum Kauf angebotene Gold in Barren oder ausländischen Münzen zum Preise von 1648 Gulden per Kilogramm fein an[4]), andererseits gibt sie seit 1875 jederzeit zum Preise von 1653,44 Gulden per Kilogramm fein Barrengold ab[5]).

Da die niederländische Münze aus 1 kg Feingold 1653,4 Gulden prägt, für die Ausprägung aber einen Münzlohn von 5,55 Gulden per Kilogramm verlangt, so würde derjenige, welcher für eigene Rechnung Gold ausmünzen

---

[1]) Staatsblad v. 1875, Nr. 117; — Ges. v. 28. Mai 1901 (Stbl. Nr. 132). Gerritsen, a. a. O. S. 80—85; Kalkmann a. a. O. S. 1224 und 1225.
[2]) Ges. v. 21. Mai 1873 (Stbl. Nr. 61); Kgl. Besl. v. 27. Mai und v. 19. August 1873 (Stbl. Nr. 110); Ges. v. 26. Oktober 1873 (Stbl. Nr. 148); Kgl. Besl. in Stbl. 1873 Nr. 151 und 1874 Nr. 5; Ges. v. 3. Dezember 1874 (Stbl. Nr. 191) und Kgl. Besl. v. 16. März 1875 (Stbl. Nr. 28), v. 11. Dezember 1874 (Stbl. Nr. 208); Ges. v. 6. Juni 1875 (Stbl. Nr. 117).
[3]) Volkswirtschaftliche Chronik 1904, S. 213. Ges. v. 18. Juli 1904.
[4]) v. d. Borght, a. a. O. S. 292 und 293; Kalkmann, a. a. O. S. 1252.
[5]) Kalkmann, a. a. O. S. 1252; v. d. Borght, a. a. O. S. 292.

läßt, nur 1647,89 Gulden für 1 kg Feingold erhalten. Infolgedessen fließt seit 1881, wo die Bank den von ihr gezahlten Preis von 1647 Gulden auf 1648 per Kilogramm Feingold erhöhte, alles nach Holland importierte Gold in die Bank[1]). Durch die freie Ausprägbarkeit des Goldes bzw. durch Ankauf alles Goldes zum festen Satze durch die Bank ist in Holland ebenso wie in Deutschland, England, Frankreich und Österreich dem Fallen der Devisenkurse eine Grenze gesetzt. Da aber das bare Goldgeld in den Niederlanden nicht valutarisch ist, d. h. da nicht auf Verlangen in ihm gezahlt werden muß, ein Export des unterwertigen valutarischen Silbergeldes oder der Banknoten zur Umprägung derselben in Kurantgeld des Auslandes aber nicht möglich ist, so würde einem Steigen der Devisenkurse infolge Verschlechterung der Zahlungsbilanz für Holland keine Grenze gesetzt sein, wenn nicht eben die Niederländische Bank es sich zur Aufgabe gemacht hätte, eine solche dadurch zu schaffen, daß sie jederzeit, soweit ihre Mittel dazu ausreichen, Barrengold zum festen Preise von 1653,44 Gulden zur Ausfuhr abgibt[2]). Gesetzlich verpflichtet ist die Bank zu dieser Hergabe von Gold nicht[3]).

Jedoch gab die Bankleitung aus Anlaß der Erneuerung des Notenprivilegs im September 1903 an die Regierung die offizielle Erklärung ab, die Bank werde, wenn ein Steigen der Devisenkurse über die Goldparität eintrete, ihren Vorrat an Gold in Barren und ausländischen Münzen zum

---

[1]) Kalkmann, S. 1252; v. d. Borght, S. 292.
[2]) Kalkmann, S. 1252; v. d. Borght, S. 292.
[3]) Kalkmann, S. 1252; v. d. Borght, S. 290, 292 und 293.
Obwohl die Aufnahme einer entsprechenden Bestimmung in das Bankgesetz in der Zweiten Kammer und in der Literatur befürwortet wurde (Gerritsen, a. a. O. S. 219, „Bankzaken" von N. G. Pierson in „De Economist" Jahrg. 1904, S. 221 ff., S. 230 ff.), unterblieb dieselbe infolge der Erklärung der Bank, von der die Regierung die Kammer in Kenntnis setzte, durch Mitteilung des Finanzministers an die Zweite Kammer vom 18. September des Jahres 1903. („De Economist", Jahrg. 1903, S. 934 und 935 und „Jahresverslag der Nederlandsche Bank" für das Jahr 1903—1904, S. 18.

Preise von 1653,44 per Kilogramm Feingold zur Ausfuhr verfügbar stellen, soweit die gesetzlich vorgeschriebene Deckung nicht dadurch gefährdet würde.

Diese „Goldpolitik" der Niederländischen Bank bildet die Fortsetzung einer analogen bereits seit 1852 bis 1875 von der Bank ausgeübten „Silberpolitik"[1]). Sicher war anfangs der Hauptzweck, wenn nicht der einzige Zweck dieser Politik die Erzielung eines Gewinnes für die Bank bei Verkauf des angekauften Metalles für den Export. Die Privaten, welche das Gold importiert hatten, konnten dasselbe nicht ungeprägt liegen lassen, bis es wieder zum Export benötigt würde, da sie dabei einen bedeutenden Zinsverlust erlitten hätten. Für sie war das einzige Mittel, um den Wert desselben zu realisieren, das Gold für eigene Rechnung ausprägen zu lassen oder es an die Nederlandsche Bank zu verkaufen. Die Bank dagegen, welche Noten ausgibt, braucht das angekaufte Gold nicht ausprägen zu lassen[2]), um seinen Wert zu realisieren. Sie erreicht den gleichen Zweck vielmehr gerade so gut durch Ausgabe von Noten, als deren Deckung sie dann das ungeprägte aber jederzeit ausprägbare Gold mit dem gleichen Erfolge verwendet, als wenn sie statt dessen geprägtes Metallgeld in ihren Kassen liegen hätte. Dadurch wird es der Bank ermöglicht, das Metall, wenn es zum Export benötigt wird, selbst zu einem niedrigeren Preise abzugeben, als derjenige zahlen müßte, der sich durch Einschmelzen holländischer Zehnguldenstücke Barrengold verschaffte, und dennoch gegenüber dem Ankaufspreis einen nicht unbedeutenden Gewinn zu erzielen.

Die Bank erspart eben die Prägekosten und bezahlt beim Ankauf von Gold nur den vollen Feingehalt der Barren oder fremden Münzen, nicht aber das gesetzlich vorgeschriebene, tatsächlich aber durch Abnutzung verringerte Gewicht der Münzen, wie derjenige tut, der holländisches Goldgeld ein-

---

[1]) Kalkmann, S. 1246, 1247, 1249, 1252; v. d. Borght, S. 290, 292 und 293.
[2]) v. d. Borght, S. 291.

schmilzt oder ins Ausland verkauft. Indem die Bank für 1653,44 Gulden genau 1 kg Feingold zum Export hergibt, während man bei Einschmelzen von 165,344 Zehnguldenstücken wegen der Abnutzung, die die Stücke im Verkehr erfahren haben weniger Gold erhielte als 1 kg, leistet die Bank dem Handel einen schätzenswerten Dienst, indem sie den Goldexport verbilligt und erleichtert und dadurch einen Ausgleich von Kursschwankungen der Wechsel auf Länder, in denen für das Gold freie Prägung eingeführt ist, bedeutend fördert.

Andererseits erschwert die Bank sich dadurch bei einem für Holland ungünstigen Stande der Devisenkurse die Sicherung der vorschriftsmäßigen Metalldeckung für die täglich fälligen Verbindlichkeiten, da der gesamte Goldbedarf für den Export alsdann seine Befriedigung bei der Bank suchen wird, da diese in Holland die billigste Bezugsquelle für Gold ist. Dagegen wird ein Abfluß von Gold aus dem Geldumlauf Hollands durch die Goldpolitik der Bank völlig verhindert.

Das Vorgehen der Niederländischen Bank unterscheidet sich also wesentlich von den unter gleichen Verhältnissen getroffenen Maßnahmen der bisher von uns betrachteten Zentralbanken. Während die Reichsbank und die Bank von England durch Erhöhung ihres Diskontes, durch Erhöhung des Verkaufspreises für Barrengold und ausländisches Geld und durch Einlösung ihrer Noten in abgenutzten Goldmünzen in erster Linie einen Abfluß von Gold aus ihren eigenen Kassen zu verhindern suchen, sei es auch selbst auf Kosten eines Goldabflusses aus dem Geldumlauf des Landes, während die Bank von Frankreich durch ihre Prämienpolitik und die Verweigerung der Hergabe französischer Goldmünzen ebenfalls einen großen Teil des Goldbedarfes für den Export auf Befriedigung aus dem Geldumlauf des Landes verweist, schützt die Niederländische Bank den inneren Goldgeldumlauf durchaus gegen Goldexporte und zwar unter freiwilliger Hergabe eines großen Teiles ihres eigenen Goldvorrates. Was die Reichsbank und die Bank von England durch Rediskontierung von Schatzanweisungen resp. durch das Borrowing on Loan und die dadurch herbeigeführte Erhöhung des Marktdiskontes neben dem Schutze des eigenen Goldbestandes nur nebenher bezwecken, nämlich die Verhinderung eines Abflusses aus dem Umlauf des Landes in das Ausland, das bewirkt die Goldpolitik der Niederländischen Bank in erster Linie.

Wie bereits gesagt, hat die Goldpolitik der Niederländischen Bank zur Folge, daß in Zeiten, in denen der Stand der Devisenkurse für Holland ungünstig ist, infolge Goldausfuhr der Goldvorrat und demgemäß das „Beschikbaare Metaalsaldo" der Bank sich stark verringert. Infolgedessen sieht sich die Bank genötigt, um die gesetzlich vorgeschriebene Deckung ihrer täglich fälligen Verbindlichkeiten aufrecht zu erhalten, durch Erhöhung ihres Diskontes entweder ein Sinken der Devisenkurse oder eine Einschränkung der an die Bank herantretenden Kreditnachfrage herbeizuführen. Durch Einschränkung der Kreditgewährung der Bank ergibt sich dann eine stärkere Belastung des Marktes und ein Steigen des Marktdiskontes, wodurch die Einwirkung auf die Devisenkurse[1]) in der Richtung eines Sinkens derselben aus den angeführten Gründen verstärkt wird. Um eine Abgabe von Gold solange wie möglich überflüssig zu machen, legt die Niederländische Bank in Zeiten eines für Holland günstigen Standes der Devisenkurse einen Teil ihrer verfügbaren Mittel in Devisen an, von denen die Bank bei einem für Holland ungünstigen Stande der Devisenkurse einen mehr oder weniger großen Teil veräußert und nicht prolongiert. Die Anlage der Bank an im Auslande zahlbaren Wertpapieren und Wechseln darf aber, wie schon erwähnt, nicht über 14 Tage lang den Betrag des „Beschikbaar Metaalsaldo" übersteigen[2]). Durch diese Be-

---

[1]) Kalkmann, S. 1249, 1254; v. d. Borght, S. 307 und 308, 310—316.

[2]) De Nederlandsche Bank 1907—1908, Amsterdam 1908 S. 13 und 14 Buitenlandsch Papier. — Loi et statuts, S. 3 unten, Art. 7 Abs. II, S. 17 Art. 7 Abs. II.

stimmung soll es verhindert werden, daß die Bank infolge Anlage zu großer Beträge in Devisen sich genötigt sehen könnte, infolge Verringerung ihres Metaalsaldo insbesondere bei Zunahme des an die Bank herantretenden Kreditbedarfes ihren Diskont zu erhöhen und den dem einheimischen Handel und der heimischen Industrie gewährten Kredit einzuschränken und zu verteuern, während sie einen großen Teil ihrer Mittel in Auslandswechseln angelegt hat unter Umständen sogar zu einem niedrigeren als den von den inländischen Kreditnehmern geforderten Zins.

6. Belgien.

Die Banque nationale de Belgique begann ihre Wirksamkeit im Jahre 1852[1]). Sie ist die einzige Bank in Belgien, welche das Recht der Notenausgabe besitzt[1]). Ihr Privileg beruht auf dem Gesetz vom 5. Mai 1850, dessen Geltung 25 Jahre dauerte.

Die Dauer des Privilegs wurde verlängert bis zum 1. Januar 1903 durch das Gesetz vom 20. Mai 1872 und durch Gesetz vom 26. März 1900[2]) neuerdings bis zum 1. Januar 1929.

Die Noten der Nationalbank müssen durch leicht realisierbare Werte oder den Kassenvorrat gedeckt sein (Bankgesetz[3]) Art. 11). Die Statuten der Bank, welche der Zustimmung des Königs unterliegen, setzen das Mindestverhältnis des Kassenbestandes zum Notenumlauf fest. Nach den gegenwärtig geltenden Bestimmungen soll mindestens ein Drittel aller täglich fälligen Verbindlichkeiten der Bank durch deren Barvorrat (Encaisse métallique) gedeckt sein.

Tatsächlich ist die metallische Deckung der sämtlichen täglich fälligen Verbindlichkeiten bedeutend geringer. Sie

---

[1]) De Greef, S. 241, 242, 246, 273, 274; Préface, S. V.

[2]) Banque nationale de Belgique. Lois organiques. Statuts. Bruxelles 1900.

[3]) Ges. Art. 12. — Statuten Art. 34. — Lois organiques, Statuts S. 6 und 22.

betrug im Durchschnitt der Jahre 1901—1905 nur 16,5 %, im Jahre 1906: 16,0 %, 1907: 14,9 %[1]).

Bereits seit dem Jahre 1865 rechnet aber die Bank ohne ausdrückliche Ermächtigung der Regierung, aber auch ohne, daß diese dagegen Einspruch erhob, bei Berechnung der statutenmäßigen Deckung ihren Devisenvorrat dem Betrage ihres Metallbestandes hinzu[2]). Trotzdem erreichte die wirklich vorhandene Deckung durch Metall und Devisen die Höhe von einem Drittel des Betrages der sämtlichen täglich fälligen Verbindlichkeiten nicht immer.

Mit Genehmigung des Finanzministers darf die Deckung auch weniger als ein Drittel betragen.

Durch die Dritteldeckungsvorschrift ist der Notenausgabe der Nationalbank eine Grenze gesetzt. Der Betrag aller täglich fälligen Verbindlichkeiten, Noten und Depositen, soll in der Regel das Dreifache des Betrages des Metall- und Devisenvorrates der Bank nicht überschreiten. Aber diese Grenze ist keine feststehende, sie darf seitens der Bank mit Genehmigung des Finanzministers überschritten werden.

Soweit der Notenumlauf der Banque nationale den Betrag von 275 Millionen Frank übersteigt, muß die Bank an den Staat eine Steuer von $^1/_4$ % pro Halbjahr vom durchschnittlichen Notenumlauf entrichten (Gesetz[3]) Art. 7). Hierin ist jedoch nicht etwa eine Begrenzung der Notenausgabe nach dem System der indirekten Kontingentierung zu erblicken, sondern lediglich eine Beteiligung des Staates am Gewinn, den die Notenbank aus einer bedeutenden Notenausgabe zieht. Diese Steuer war ursprünglich die einzige Art der Beteiligung des Staates am Gewinn, den die Nationalbank aus dem ihr vom Staate verliehenen Notenprivileg bezog.

Im Gegensatz zum Zweck der indirekten Kontingen-

---

[1]) Bankenquête 1908, II, S.
[2]) De Greef, a. a. O. S. 341.
[3]) Banque nationale de Belgique. Lois organiques. Statuts, Bruxelles 1900.

tierung, nämlich den Bankdiskont bei Überschreitung des Kontingentes in die Höhe zu treiben, ist der Belgische Staat vielmehr bestrebt, den Diskont der Banque nationale im Interesse der heimischen Volkswirtschaft so niedrig wie möglich zu halten. In das Belgische Bankgesetz wurde deshalb die Bestimmung aufgenommen, daß der Gewinn, den die Nationalbank aus einer Erhöhung ihres Diskontes über $3^1/2 \%$ hinaus (Gesetz vom 26. März 1900; Artikel 7 bis — nach dem Gesetz vom 5. Mai 1865[1]) über 6%, nach dem Gesetz vom 20. Mai 1875 über 5% hinaus[1]) erzielt, in die Staatskasse fließt. Die Bank hat demnach kein Interesse daran, ihren Diskont über $3^1/2 \%$ zu erhöhen, sondern vielmehr ein Interesse daran, ihre Kreditmittel möglichst vollständig auszunutzen, da sie nur so einen möglichst großen Gewinn für die Anteilseigner erzielen kann. Würde sie dagegen ihren Diskont stark erhöhen, so würde der Kredit der Bank weniger in Anspruch genommen werden und ein Teil ihrer Kreditmittel würde brach liegen. Der Ertragsausfall von diesen unbenutzten Mitteln der Bank würde aber durch den erhöhten Diskont für die Bank nicht wieder eingebracht werden, weil der Diskont über $3^1/2 \%$ hinaus nicht der Bank sondern dem Staate zufließt.

Während die für die Banque de France geltende analoge Bestimmung völlig unwirksam ist, ist diese für die Belgische Nationalbank geltende Bestimmung durchaus wirksam.

In Belgien, das dem Lateinischen Münzbunde angehört, sind wie in Frankreich zwei Geldarten uneinlösbares, definitives Kurantgeld[2]): die Goldstücke zu 20 Frank und zu 10 Frank und die silbernen Stücke zu 5 Frank.

Die Banque nationale de Belgique verwendet zur Einlösung ihrer Noten nur Silber und zwar Silberkurant- oder

---

[1]) De Greef, S. 294, 315. Ges. v. 20. Mai 1872, Art. 7. — Art. 2 d. Ges. v. 1850. Lois organiques. Statuts S. 4 und 5; S. 24 Kap. 4 Art. 42.

[2]) Ges. v. 30. Dezember 1885 betr. die Pariser Münzkonvention v. 6. November 1885; Recueil des Lois (belgische Gesetzsammlung) Nr. 122. — Rapport du directeur des monnaies (françaises) 1905 S. 143; annexe XXXIII.

Scheidemünzen[1])[2]). Bis zum Jahre 1906 zahlte sie auf Wunsch bis zu 100 Frank in Gold[1]). Seitdem verweigert sie die Hergabe von Goldgeld grundsätzlich völlig[1])[2]). Nur an einige Banken, denen gegenüber sie sich durch frühere Abmachungen verpflichtete, unter bestimmten Umständen ihnen Gold zu überlassen, gibt sie gegenwärtig noch zum Marktpreise Gold ab[1]). Der Betrag an Gold, der auf diese Weise aus den Kassen der Bank abfließt, wird auf 20—30 Millionen Frank jährlich geschätzt[1]).

Andererseits kauft die Bank alles ihr angebotene Gold zum Marktpreise an[1]).

Die Noten der Bank sind für alle Zahlungen außer für solche der Bank Kurantgeld, solange die Bank ihrer Verpflichtung, die Noten auf Verlangen einzulösen, nachkommt und die Noten bei den öffentlichen Kassen angenommen werden (Artikel 6 des Gesetzes vom 20. Juni 1873; Artikel 31 der Bankstatuten).

Eine Einlösung der Noten findet daher nur statt, wenn im Verkehr ein Bedarf an Kleingeld entsteht, oder der Inhaber der Noten bei einem für Belgien ungünstigen Stand der Devisenkurse Fünffrankstücke zur Ausfuhr in ein Land der Lateinischen Münzunion, insbesondere nach Frankreich zu erhalten wünscht. Um einen solchen Abfluß von Silberkurantgeld ebenfalls unnötig zu machen, ist die Nationalbank bemüht, durch eine Devisenpolitik den Kurs der Devisen möglichst beständig zu halten[1])[3]).

Sie verstärkt bei günstigen Kursen ihren Devisenbestand und erneuert das Portefeuille an Auslandswechseln ständig durch Verkauf oder Einlösung fälliger Wechsel und Ankauf „langer" Auslandswechsel. Bei einem Steigen der Devisen-

---

[1]) Nach im November 1908 erteilten brieflichen Auskünften von Dr. Paul Förster, Kgl. bayrischer Regierungspraktikant, zeitweise beschäftigt bei der Banque internationale de Bruxelles.

[2]) Volkswirtsch. Chronik zu Conrads Jahrb. 1898 S. 158. Des Essars, S. 278 und 279.

[3]) Des Essars, S. 278. — Volkswirtsch. Chronik 1899 S. 278, 396. 1901 S. 582. 1902 S. 576.

kurse gibt sie dagegen in verstärktem Maße an die belgischen Banken, welche den Zahlungsverkehr zwischen Belgien und dem Auslande vermitteln, Devisen aus ihrem Vorrate ab[1]). Vermindert sich der Devisenbestand der Bank stark, so daß die vorschriftsmäßige Deckung der Verbindlichkeiten gefährdet zu werden droht, so wendet die Nationalbank, um diese Gefahr zu beseitigen, das gleiche Mittel an wie die Notenbanken der anderen Länder; sie erhöht ihren Diskont.

Die Anlage des größeren Teils ihres Barvorrates in Devisen ist von der Bank vorgenommen des Gewinnes wegen. Mit Hilfe ihres Devisenbesitzes kann die Nationalbank gerade so gut den Wechselkurs regulieren wie durch Abgabe von Gold. Während aber das in den Kassen der Bank liegende Gold keinen Ertrag abwirft, bringt die Devisenanlage der Bank einen, wenn auch mäßigen Ertrag.

[1]) Nach im November 1908 erteilten brieflichen Auskünften von Dr. Paul Förster, Kgl. bayrischer Regierungspraktikant, zeitweise beschäftigt bei der Banque internationale de Bruxelles.

Zweiter Teil.

Zusammenfassende Vergleichung der Gründe der Diskontbewegung, welche in der Geld- und Notenbankverfassung liegen.

A. Vergleichung der Diskontbewegung in den sechs Ländern.

Die Zahl der Veränderungen des Diskonts

bei der	betrug in den Jahren			
	1844—1900	1876—1907	1901—1907	1901—1905
Bank von Frankreich	111	29	2	0
Österr.-ungar. Bank .	—	40	7	3
Belg. Nationalbank .	—	59	11	5
Niederl. Bank	—	82	12	6
Reichsbank	161	116	26	17
Bank of England . .	400	187	30	17

Die durchschnittliche Spannung zwischen höchstem und tiefstem Stand des Bankdiskontes in einem Jahre

bei der	betrug in den Jahren		
	1876—1907	1890—1907	1900—1907
Bank von Frankreich . . .	0,55 %	0,33 %	0,31 %
Österr.-ungar. Bank	0,625 %	0,86 %	0,63 %
Belgische Nationalbank . .	1,02 %	1,03 %	0,81 %
Niederländische Bank . . .	0,84 %	0,69 %	0,88 %
Reichsbank	1,73 %	1,86 %	1,69 %
Bank von England	2,30 %	1,89 %	1,88 %

Bankenquête 1908. Tabelle II, 1 und 2.

Nachdem wir die Einrichtungen des Notenbankwesens in den verschiedenen Ländern, soweit sie die Bewegung des Diskontes beeinflussen, kennen gelernt haben, betrachten wir nunmehr den Verlauf der Diskontbewegung in den Ländern, um dann zu untersuchen, wieweit der Verlauf der Diskontbewegung in den einzelnen Ländern von der Geld- und Notenbankverfassung sowie den Grundsätzen der Diskontpolitik der Zentralnotenbanken abhängt.

Wir bemerken sogleich eine bedeutende Verschiedenheit in der Diskontbewegung der einzelnen Länder. Sowohl nach der Zahl als nach der Größe der Veränderungen unterscheidet sich die Bewegung des Diskontes in den verschiedenen Ländern. Was zunächst die Häufigkeit der Diskontveränderungen betrifft, so veränderte sich der Diskont der Banque de France am wenigsten häufig. Zahlreicher waren die Veränderungen des Diskontes der Österreichisch-ungarischen Bank. Die Zahl der Veränderungen des Diskontes war in den Jahren 1876—1907 bei der Banque Nationale de Belgique doppelt so groß wie bei der Banque de France, bei der Niederländischen Bank war sie fast 3 mal, bei der Deutschen Reichsbank 4 mal, bei der Bank of England 6½ mal so groß wie bei der französischen Zentralnotenbank.

Vergleichen wir dann die Bewegung des Bankdiskontes in Bezug auf die Größe der jährlichen Schwankungen, so finden wir die geringste jährliche Schwankung im Durchschnitt der Jahre bei der Banque de France. Stärker waren die Schwankungen des Diskontes der Österreichischen Zentralnotenbank und der Niederländischen Bank; fast doppelt so groß wie bei der Bank von Frankreich war die durchschnittliche Veränderung des Diskontes bei der Banque Nationale de Belgique, über 3 mal so groß bei der Deutschen Reichsbank und mehr als 4 mal so groß bei der Bank of England. In den Jahren 1890—1907 war die durchschnittliche Spannung zwischen dem höchsten und tiefsten Diskontsatz eines Jahres bei der Niederländischen Bank 2 mal, bei der Österreichisch-ungarischen Bank 2½ mal, der Banque Nationale de Belgique 3 mal, der Reichsbank und der Bank von England fast 6 mal so groß wie bei der Bank von Frankreich.

Bei der Betrachtung der Höhe des Bankdiskontes ergibt sich, daß in den Jahren 1876—1907 die Banque de France den niedrigsten durchschnittlichen Bankdiskont hatte. Bei der Niederländischen Bank war der Diskont um 0,29 %, bei der Belgischen Nationalbank um 0,42 %, bei der Bank von England um 0,40 %, bei der Österreichisch-ungarischen Bank um 1,3 %, bei der Deutschen Reichsbank um 1,19 % höher als der Diskont der Bank von Frankreich.

B. Die Gründe der Diskontbewegung.

1. Die Diskontpolitik und ihre beiden Hauptziele.

Fragen wir nun nach den Ursachen der verschiedenen Bewegung des Diskontes in den einzelnen Ländern, so ergibt sich als unmittelbare Ursache für die Bewegung des Bankdiskontes zunächst die Verschiedenheit in den Grundsätzen der Diskontpolitik der Zentralbanken.

Die Diskontpolitik ist, wie bereits gesagt worden, die planmäßige Veränderung des Bankdiskontsatzes zur Erreichung bestimmter Zwecke.

Die Ziele, welche die Notenbanken mittelst ihrer Diskontpolitik zu erreichen bestrebt sind, sind, wie unsere Betrachtung ergab, im wesentlichen die beiden folgenden:

1. Sicherung der Fähigkeit der Bank, stets die gesetzlichen Vorschriften innezuhalten, und damit Sicherung der Zahlungsfähigkeit der Bank; also Anpassung der an die Bank gestellten Kreditanforderungen an die verfügbaren Kreditmittel der Bank.

2. Sicherung der Kursbeständigkeit der einheimischen Valuta im Verkehr mit dem Auslande.

Die Wege zur Erreichung der beiden Ziele verlaufen teils in gleicher, teils in einander gerade entgegengesetzter Richtung. Durch die Sicherung der eigenen Zahlungsfähigkeit festigen die Zentralnotenbanken zugleich den Kurs der heimischen Valuta im Auslande, das darauf rechnet, daß es

Von 1876—1907 veränderte sich der Diskont jährlich

bei der	um:								
	4%	3,5%	3%	2,5%	2%	1,5%	1%	1/2%	0%	2,5% und mehr	1,5% und mehr

	4%	3,5%	3%	2,5%	2%	1,5%	1%	1/2%	0%	2,5% und mehr	1,5% und mehr
						in Jahren					
Bank von Frankreich..	—	—	—	—	—	6	7	3	16	—	6
Österr.-ungar. Bank..	—	—	—	—	—	4	11	7	10	—	3
Niederländischen Bank	—	—	—	2	4	3	5	9	9	2	9
Belgischen Nationalbank	—	—	—	2	4	3	12	6	5	2	9
Reichsbank........	—	1	3	2	10	7	7	1	1	6	23
Bank von England ...	1	1	13	4	4	3	4	1	1	19	26

Von 1876—1907 war die Zahl der Veränderungen in einem Jahre:

des Diskontes bei der:	0	1	2	3	4	5	6	7	8	9	10	11	12	0—1	2 und mehr
									in Jahren:						
Bank von Frankreich..	16	7	5	4	—	—	—	—	—	—	—	—	—	23	9
Österr.-ungar. Bank...	10	10	9	1	1	1	—	—	—	—	—	—	—	20	12
Niederländischen Bank.	9	8	5	5	3	—	1	—	1	—	—	—	—	17	15
Belgischen Nationalbank	5	7	8	4	3	—	3	1	—	—	—	—	—	12	20
Reichsbank.........	1	3	5	8	4	6	2	3	—	—	—	—	—	4	28
Bank von England....	1	—	3	4	1	2	10	5	1	1	1	1	1	1	31

Bankenquête 1908, Tabelle II, 1 und 2.

— 68 —

Der durchschnittliche Diskont

betrug bei der:	1844—1900	1876—1900	in den Jahren: 1895—1907	1895—1907	1901—1907
Bank von Frankreich	3,58 %	2,87 %	2,75 %	2,77 %	3,07 %
Niederländischen Bank	—	3,16 %	3,24 %	3,32 %	3,54 %
Belgischen Nationalbank	—	3,29 %	3,26 %	3,38 %	3,49 %
Bank von England	3,6 %	3,27 %	3,25 %	3,41 %	3,76 %
Reichsbank	4,25 %	4,06 %	4,11 %	4,29 %	4,35 %
Österr.-ungar. Bank	—	4,17 %	4,15 %	4,13 %	3,94 %

Der durchschnittliche Diskont auf dem Markte

in:	1876—1907	betrug in den Jahren: 1891—1907	1895—1907	1901—1907
London	2,27 %	2,61 %	2,88 %	3,36 %
Paris	2,52 %	2,37 %	2,44 %	2,59 %
Brüssel	2,77 %	2,62 %	2,75 %	2,93 %
Amsterdam	2,8 %	2,8 %	2,91 %	3,2 %
Berlin	3,05 %	3,16 %	3,38 %	3,34 %
Wien	3,75 %	3,79 %	3,79 %	3,52 %

Bankenquête 1908, Tabelle II, 1 und II 2.

für seine Forderungen gegen ein Land jederzeit auf Verlangen Geld bzw. Wechsel des eigenen Landes oder in Geld des eigenen Landes ausprägbares Gold erhalten wird. Das Ausland wird in seinem Vertrauen dadurch bestärkt, daß es sieht, daß die Zentralnotenbank eines Landes über einen genügenden Goldvorrat verfügt, um sein etwaiges Verlangen vollauf befriedigen zu können. Dies ist insbesondere von Wichtigkeit, wenn der Goldumlauf jenes Landes nur gering ist.

Aber während das Ausland den Barvorrat einer Zentralnotenbank als eventuelles Mittel zur Befriedigung seiner etwaigen Goldforderungen betrachtet, sind in direktem Gegensatz zu den Wünschen des Auslandes die Bestrebungen der meisten Notenbanken darauf gerichtet, eben im Interesse ihrer Zahlungsfähigkeit eine Verringerung ihres Barvorrates soweit möglich auf jeden Fall zu verhindern.

2. Verschiedenes Verhalten der einzelnen Zentralbanken in der Verfolgung dieser beiden Ziele.

Das Verhalten der einzelnen Banken in der Verfolgung jener beiden sich teils widerstreitenden Ziele ist demnach sehr verschieden. Die Bank von Frankreich kümmert sich um die Regulierung des intervalutarischen Kurses sehr wenig. Sie sucht dagegen eine Verringerung ihres Goldbestandes in der Regel nach Möglichkeit zu verhindern, sei es auch selbst auf Kosten der Beständigkeit des Kurses der französischen Valuta gegenüber den Valuten der anderen Länder. Sie verfolgt dieses Ziel aber nicht mittelst Erhöhung ihres Diskontes, sondern durch ihre oben geschilderte Goldpolitik. Die Prämienpolitik ermöglicht es der Banque de France, einen bei ihr Befriedigung suchenden ausländischen Goldbedarf von einem inländischen Kreditbedarf zu sondern, und, ohne den heimischen Kredit zu verteuern, die Befriedigung des Goldbedarfes zu erschweren. Durch die französische Geldverfassung, in der zwei definitive Kurantgeldarten, eine bare und eine nicht bare, nebeneinanderstehen, ist die Bank von Frankreich alsdann in den Stand gesetzt, nach Belieben, je nachdem sie es für nützlich hält oder nicht, Gold zum Export herzugeben oder zu verweigern. Der wesentliche Unterschied zwischen der Goldpolitik der Banque de France und derjenigen der Bank of England und der Deutschen Reichsbank ist nicht darin zu sehen, daß die Bank von Frankreich für die Hergabe von Barrengold und ausländischen Goldmünzen eine Prämie, d. h. einen Zuschlag zum Ankaufspreis fordert. Auch die Bank von England erhöht ja den Verkaufspreis für Barrengold bis um 2 d. pro Unze Standard Gold d. i. um 2,1 °/oo, und fordert einen entsprechend hohen Preis für ausländisches Goldgeld. Die Reichsbank erhöht den Verkaufspreis für Barrengold um mehr als 4 pro mille und verlangt für fremde Goldmünzen einen entsprechenden Preis. Auch geben die Reichsbank und die Bank von England oft Goldstücke ab, die dem Passiergewichte nahekommen. Derjenige, der solche Stücke im Auslande als Barren verkaufen will, zahlt alsdann ebenfalls für die Menge Feingold, die in den Stücken enthalten ist, einen Preis, der den von der Bank von England oder der Deutschen Reichsbank gezahlten Ankaufspreis um die Prägekosten und den Betrag der Abnutzung übersteigt, in Deutschland um bis zu 6 pro mille etwa.

Der wesentliche Unterschied zwischen der Goldpolitik der Bank von Frankreich und derjenigen der beiden anderen Zentralnotenbanken besteht vielmehr darin, daß erstere die Abgabe französischer Goldmünzen in größeren Beträgen grundsätzlich überhaupt ablehnt, während die Bank von England und die Reichsbank wegen der in Deutschland und England bestehenden Geldverfassung auf Verlangen in Gold zahlen müssen. Hierdurch ist aber diesen Banken natürlich auch bei der Festsetzung des Verkaufspreises für Barrengold und ausländisches Goldgeld eine Schranke gesetzt, da, wenn die Banken den Preis zu sehr erhöhen, man von ihnen inländisches Goldgeld verlangen und dieses ausführen wird. Dagegen kann die Bank von Frankreich ihre Prämie beliebig hoch festsetzen.

Die Bank von Frankreich verdankt nicht zum wenigsten

gerade ihrer Freiheit in der Hergabe von Gold das hohe Ansehen, das sie in der ganzen Welt genießt. Man hat es ihr stets hoch angerechnet, daß sie zu wiederholten Malen ihren Goldvorrat dazu benutzt hat, durch freiwillige Hingabe von Gold gegen englische Wechsel der Bank von England aus der Verlegenheit zu helfen, in die ein starker Goldabfluß diese gebracht hatte. Das geschah zuletzt im Herbste des Jahres 1907, wo die Bank von Frankreich der Bank von England für 50 Millionen Frank englische Wechsel diskontierte und in Gold bezahlte. Hierdurch hob sich zugleich der Kurs der französischen Wechsel in England.

Dagegen nimmt man es als durchaus selbstverständlich hin, wenn die Bank von England oder die Reichsbank von ihren Goldvorräten weit größere Beträge an das Ausland abgegeben, weil diese Banken infolge der Geldverfassungen Englands und Deutschlands zur Hergabe von Gold gesetzlich verpflichtet sind. Ja man verargt es in englischen[1]) und französischen Zeitungen der Reichsbank sogar, daß sie einen Goldabfluß durch Erhöhung ihres Diskontes nach Möglichkeit zu hemmen sucht.

Infolge ihrer Freiheit in der Hergabe von Gold ist die Lage der Bank von Frankreich gegenüber einem Goldexport weit günstiger als die der Bank von England, und, seit Einziehung der Taler, die gesetzlich definitives Kurantgeld waren, die der Reichsbank. Besteht infolge für Frankreich ungünstiger Wechselkurse die Gefahr einer Goldausfuhr aus Frankreich, so braucht die Bank von Frankreich für ihren Goldbestand und die Deckung ihrer Noten nicht zu fürchten. Sie wird allerdings nicht verhindern können, daß aus dem Umlaufe an Metallgeld in Frankreich Gold in das Ausland abfließt. Dafür kann sie aber durch vermehrte Ausgabe von Noten, die für Zahlungen innerhalb Frankreichs, zu denen Geld aber nicht Gold erforderlich ist, vollauf genügen, die durch die Goldausfuhr im Geldumlauf des

---

[1]) Frankfurter Zeitung, 31. Okt. 1907; Abendbl. S. 4 (Handelsbl.). U. a. im „Economist" Jahrgang 1907.

Landes entstandene Lücke ausfüllen, ohne daß sie ihren Diskont zu erhöhen braucht. Weit weniger günstig ist die Lage der Bank von England und der Reichsbank bei Gefahr einer Goldausfuhr aus beiden Ländern. Da ein Goldbedarf des Auslandes sich in der Regel an die Zentralnotenbank eines Landes wendet, weil er hier das zu seiner Befriedigung nötige Gold in großen Mengen angehäuft vorfindet, so müssen bei einem solchen an sie herantretenden Goldbedarf die Reichsbank und die Bank von England zur Sicherung der Deckung ihrer täglich fälligen Verbindlichkeiten ihren Diskont erhöhen. Da beide Banken infolge der in Deutschland und England bestehenden Geldverfassung in Gold zahlen müssen, so ist eine Einschränkung der Kreditgewährung die einzige Maßnahme der Banken, die auf jeden Fall einer zu starken Verringerung der Deckung der Verbindlichkeiten vorbeugt, vielmehr eine Verbesserung des Statuts der Banken herbeiführt. Um aber eine Einschränkung der an die Bank gerichteten Kreditgesuche zu erzielen, müssen die Banken ihren Diskont erhöhen. Durch die Diskonterhöhung wird dann bisweilen aber nicht immer ein Sinken der Devisenkurse herbeigeführt und eine weitere Goldausfuhr verhindert. Ein Goldabfluß in das Ausland findet trotzdem statt, wenn der Diskont im Gold beziehenden Lande höher ist als im Inlande. Das zeigte sich deutlich während der im Herbste des Jahres 1907 in den Vereinigten Staaten von Amerika herrschenden Krisis.

Als damals infolge eines starken wirtschaftlichen Aufschwunges und einer Schwächung der Kreditorganisation durch eine infolge des Zusammenbruches mehrerer Banken entstandene Panik in der nordamerikanischen Union ein starker Bedarf an Zahlungsmitteln entstand, der sich in einer Prämie von bis zu 4 % auf Zahlungen in Geld und Noten sowie in Sätzen von 12—24 ja bis zu 75 % für täglich fällige Darlehen an der New Yorker Börse äußerte, und als diesem Bedarf nicht sofort durch Ausgabe von Noten abgeholfen werden konnte, bezogen die Amerikaner zur Deckung ihres Geldbedarfes in großen Mengen Gold aus Europa und zwar insbesondere aus England und Deutschland. Weder die Bank von England noch die Deutsche Reichsbank konnten trotz noch so hohen Diskontes verhindern, daß große Mengen Goldes aus England und Deutschland nach der Union abflossen. Sie konnten nicht verhindern, daß Amerikaner Wechsel auf London und die Engländer ihrerseits Wechsel auf Deutschland in England und Deutschland zur Einlösung präsentierten oder diskontieren ließen und dabei Gold erhielten, da das Goldgeld wie in England so in Deutschland das einzige definitive Kurantgeld ist.

Nach den Angaben des Reichsbankpräsidenten Dr. Koch in der Sitzung des Zentralausschusses der Reichsbank vom 8. November 1907 waren seit Mitte Oktober bis zum 7. November 1907 ca. 50 Millionen Mk. in deutschen Goldmünzen in die Bank von England geflossen. Am 8. November wurde der Reichsbankdiskont von 6$^1/_2$% auf 7$^1/_2$% erhöht. Trotzdem die Reichsbank abgesehen von der Russischen Staatsbank von den europäischen Zentralnotenbanken den höchsten Diskont hatte, flossen in der Zeit vom 23. November bis 15. Dezember noch 3382000 £ = ca. 69 Millionen Mk. in Doppelkronen (Zwanzigmarkstücken) über England nach den Vereinigten Staaten von Amerika. Insgesamt werden in der Zeit vom 15. Oktober bis zum 15. Dezember 1907 ca. 150 Millionen Mark in Gold aus Deutschland durch Vermittlung der Bank von England nach den Vereinigten Staaten abgeflossen sein. Infolge der deutschen und englischen Goldwährung sind also die Reichsbank und die Bank von England gezwungen, bei Ausfuhr von Gold ihren Diskont zu erhöhen und, statt eine im Geldumlauf des Landes durch die Goldausfuhr entstandene Lücke durch eine verstärkte Notenausgabe auszufüllen, wie es die Bank von Frankreich tut, vergrößern die Reichsbank und die Bank von England diese Lücke, indem sie die Kreditgewährung einschränken und Noten oder Gold aus dem Umlauf ziehen. Das hat dann zugleich ein Steigen des Marktdiskontes zur Folge.

Ebenso wie durch Goldabfluß tritt eine Verschlechterung

der Deckung der Verbindlichkeiten der Banken auch ein durch Zunahme des von ihnen gewährten Kredites. Wächst der an die Banken herantretende Kreditbedarf stark, so müssen die Reichsbank und die Bank von England ihren Diskont erhöhen infolge des Deckungsgrundsatzes. Das hat die Bank von Frankreich nicht nötig, weil sie zur Einlösung der Noten in Gold nicht verpflichtet ist, eine Einlösung der Noten in Fünffrankenstücke nur selten stattfindet und eine bestimmte Höhe der Deckung ihr nicht gesetzlich vorgeschrieben ist, was bei der Reichsbank der Fall ist. Daher kommt es, daß der Anteil der Reichsbank am Diskontogeschäfte Deutschlands in den Jahren, in denen der Kreditbedarf des Landes am größten ist, sinkt, während der Anteil der Banque de France am Diskontogeschäft Frankreichs in den Jahren stärkster Kreditnachfrage am größten ist. Während also die Bank von Frankreich bei Goldabfluß und in Zeiten wachsenden Kreditbedarfes in der französischen Volkswirtschaft unter Festhalten am bisherigen Diskontsatze in wachsendem Maße Kredit gewährt, so den Markt entlastet und ein Steigen des Marktdiskontes verhindert, erhöhen die Reichsbank und die Bank von England unter den gleichen Umständen ihren Diskont; ihr Anteil an der Kreditgewährung des Landes sinkt. Dadurch tritt dann zugleich eine stärkere Belastung des Marktes durch Zunahme der auf ihm erscheinenden Kreditnachfrage und ein schnelleres Steigen des Marktdiskontes ein.

Wir sahen also, daß die drei großen Zentralnotenbanken von Frankreich, England und Deutschland in erster Linie ihren Barvorrat zu schützen suchen. Hierzu wenden die Banque de France ihre eigenartige Goldpolitik, die Reichsbank und die Bank of England eine Erhöhung ihres Diskontes an.

Während die Bank von Frankreich durch ihre Maßnahmen keinerlei Einfluß in der Richtung der Sicherung der Beständigkeit des Kurses der heimischen Valuta im Verkehr mit dem Auslande erzielt, sondern eher in der des Gegenteils, erstreben die Bank von England und die Reichs-

Der Wechselumlauf und der Anteil der Zentralnotenbanken am Wechselumlauf in Deutschland und Frankreich.

im Jahre	Durchschnittlicher Wechselumlauf in Frankreich in Millionen Mark	Durchschnittlicher Anteil der Bank von Frankreich am Wechselumlauf des Landes %	Durchschnittlicher Wechselumlauf in Deutschland in Millionen Mark	Durchschnittlicher Anteil der Reichsbank am Wechselumlauf des Landes %
1876	3888	9,4	3094	13,0
1877	3837 Min.	9,8	3090	11,7 Min.
1878	3842	10,6	2814 Min.	11,9 Max.
1879	3845	11,4	2824	11,5 Min.
1880	5017	12,3	2890	11,6 Max.
1881	5513 Max.	17,2 Max.	2988	11,3 Min.
1882	5492 Min.	16,8	3000	12,2 Max.
1883	5540 Max.	15,0 Min.	3066 Max.	11,8 Min.
1884	5250	15,1 Max.	3050	12,2 Max.
1885	4952	12,3	3015	12,1 Min.
1886	4819	10,0	2957 Min.	12,9
1887	4818 Min.	9,5 Min.	3016	14,4 Max.
1888	4901	10,2	3050	14,0 Min.
1889	4953	11,6	3302	15,3 Max.
1890	5119	10,7 Min.	3505	15,1
1891	5202 Max.	11,8 Max.	3652 Max.	14,3 Min.
1892	4952 Min.	8,9 Min.	3571 Min.	15,0
1893	4958 Max.	9,1	3646	15,8 Max.
1894	4806 Min.	9,4 Max.	3687	14,8 Min.
1895	4854	9,0 Min.	3810	15,0
1896	5088	11,1	4097	15,7 Max.
1897	5249	11,2	4382	14,7
1898	5537	11,7 Max.	4844	14,6 Min.
1899	5772	11,6 Min.	5234	15,2 Max.
1900	5865 Max.	11,9 Max.	5826 Max.	13,3 Min.
1901	5623	8,6	5741	14,3 Max.
1902	5612 Min.	7,8 Min.	5376 Min.	14,0 Min.
1903	5898	9,5	5567	14,8 Max.
1904	6107	9,8 Max.	5800	13,8
1905	6307	8,3 Min.	6377	13,7
1906	6924	10,5	7016	13,5 Min.
1907	7204 Max.	12,5 Max.	7692 Max.	13,8 Max.

Bankenquête 1908; Tabelle II, 26.

bank durch ihre Diskontpolitik gerade diese, allerdings nur als Mittel zum Zwecke der Sicherung des eigenen Barbestandes der Banken und nicht als Selbstzweck. Das ergibt sich daraus, daß sie, wie wir sahen, außer durch Erhöhung ihres Diskontes auch durch sonstige Erschwerungen eine Goldausfuhr zu verhindern suchen.

In gleichen Bahnen wie die Politik der drei vorstehend betrachteten Banken bewegt sich auch die der Österreichisch-ungarischen Bank getreu deren Devise: „Nichts zu tun, was einer barzahlenden Bank nicht gestattet wäre, und nichts zu unterlassen, was Pflicht einer barzahlenden Bank ist" [1]).

Auch sie sieht die Sicherung der Valuta Österreich-Ungarns in einem möglichst großen Barvorrat der Monarchie, und, da der Goldumlauf des Landes relativ gering ist, in einem möglichst großen eigenen Goldbestand. Allerdings sorgt sie unmittelbar für eine Beständigkeit des intervalutarischen Kurses auf Österreich durch ihre Devisenpolitik und eventuell selbst durch Abgabe von Gold; aber gleichzeitig pflegt sie eine Erhöhung ihres Diskontes vorzunehmen, um dadurch einen Umschwung im Stande der Wechselkurse auf das Ausland herbeizuführen und einen stärkeren Goldabfluß hintenanzuhalten.

Die Diskonterhöhungen der Österreichisch-ungarischen Bank erfolgen beinahe stets wegen eines für Österreich ungünstigen Standes der Devisenkurse und nur in seltenen Fällen wegen starker Inanspruchnahme des Kredites der Bank durch die einheimischen Kreditsucher.

Während die Bank so durch ihre Devisen- und Diskontpolitik einen Goldabfluß zu verhindern sucht, geht sie andererseits mit ihrem Goldvorrat sehr wenig haushälterisch um, indem sie im Spätsommer 1901 (Beschluß des Generalrates der Bank vom 22. August 1901) unter Zustimmung der Regierungen einen Teil ihres Goldgeldvorrates in Ver-

---

[1]) W. v. Luccam, a. a. O. S. 66; v. Mecenseffy, a. a. O. S. 29; Leonhardt, a. a. O. S. 24.

kehr zu setzen begann[1]). Bis Ende September 1906 hatte die Bank ca. 1¼ Milliarde Kronen in Goldmünzen in Umlauf gebracht. Von den ausgegebenen Goldstücken kehrte ca. 1 Milliarde Kronen in die Bank zurück; ungefähr eine Viertelmilliarde Kronen blieb im Umlauf[2]). Die Inverkehrsetzung der Goldmünzen bedeutet einen wichtigen Schritt auf dem Wege zur Wiederaufnahme der Barzahlungen in Österreich-Ungarn, auf die die Leitung der Bank mit aller Macht hinarbeitet.

Aber diese Maßnahmen der Österreichisch-ungarischen Bank bedeuten, vom Standpunkte einer vernünftigen Betrachtungsweise aus gesehen, keinen Fortschritt zu einer möglichst rationellen Einrichtung des Geldwesens Österreich-Ungarns. Sie sind der unrichtigen Voraussetzung entsprungen, daß durch sie das Ansehen der österreichischen Valuta im internationalen Zahlungsverkehr steigen, und daß die Folge die Beständigkeit des intervalutarischen Kurses auf Österreich sein würde. Diese Voraussetzung ist aber irrig. Nicht darauf kommt es an, daß im Inlande alle Zahlungen mit Goldgeld bewerkstelligt werden, sondern darauf, daß alle Zahlungen zwischen dem Inlande und dem Auslande stets ohne Verlust für den Ausländer wie für den Inländer geleistet werden können. Dem Auslande ist es höchst gleichgültig, in welcher Geldart innerhalb Österreich-Ungarns Zahlungen gemacht werden, ob in Gold oder in uneinlösbaren Banknoten. Dem ausländischen Gläubiger liegt nur daran, daß er von österreichischen oder ungarischen Schuldnern bei Einziehung seiner Forderungen entweder Geld seines Landes, auf sein Land gezogene gute Wechsel oder aber in Kurantgeld seines Landes ausprägbares Gold auf Ver-

---

[1]) Jahresbericht der Österreichisch-ungarischen Bank, 14. (1901) und 16. (1903) Jahressitzung.

Die Inverkehrsetzung der Goldmünzen geschah auf Grund eines zwischen der Bankleitung und den Finanzministern von Österreich und Ungarn zu Ischl auf einer Konferenz geschlossenen Übereinkommens. Zuckerkandl, S. 442.

[2]) Zuckerkandl, S. 442, Spalte 1.

langen stets erhält. Diese Sicherheit wird aber durch die Inverkehrsetzung von Goldmünzen, die sich bisher im Besitze der Österreichisch-ungarischen Bank befanden, eher vermindert als verstärkt. Denn diese Goldmünzen erleiden durch den Umlauf eine Abnützung und werden damit zur Ausfuhr unbrauchbar oder durch ihre Ausfuhr wird der Export von Gold aus Österreich verteuert und erschwert. Im Interesse der Kursbeständigkeit der Valuta Österreich-Ungarns wie der österreichisch-ungarischen Volkswirtschaft wäre es besser, die in den Umlauf gesetzten Goldmünzen wären in den Gewölben der Bank geblieben und würden bei einem für das Land ungünstigen Stande der Devisenkurse gegen möglichst niedrige Prämie über den Ankaufspreis hinaus zur Ausfuhr in das Ausland abgegeben. Auf diese Weise würde manche Diskonterhöhung der Österreichisch-ungarischen Bank überflüssig und die Bank brauchte nicht, nachdem sie selbst durch Abgabe von Gold an den Verkehr ihren Goldbestand verminderte, später ihren Diskont zu erhöhen, um einen für Österreich günstigen Stand der Wechselkurse zu erzielen und so einen Goldexport aus Österreich zu verhindern, wenn nicht gar eine Einfuhr von Gold zur Verstärkung des Barvorrates der Bank möglich zu machen.

Gerade die Goldeinfuhr der Bank wie die Anlage ihres Devisenvorrates, die eine Verringerung des an der Wiener Börse vorhandenen Devisenangebotes durch Ankauf seitens der Bank oder durch Einlösung von Devisen im Auslande gegen Gold zur Voraussetzung hatten, haben sicher sehr oft mit zur späteren Erhöhung der Devisenkurse am Wiener Markte beigetragen, welche Erhöhung die Bank alsdann durch Abgabe von Devisen und Gold, teils aber durch Erhöhung ihres Diskontes bekämpfte.

Die Österreichisch-ungarische Bank würde sehr unvernünftig handeln, wenn sie fortfahren würde, einen Teil des unter nicht geringen Opfern erlangten Goldvorrates in den inneren Verkehr zu bringen. Sie vermindert hierdurch nur ihre eigene Widerstandsfähigkeit gegenüber einem Goldbedarf des Auslandes, der auch nach Inumlaufsetzung des Goldgeldes und nach Aufnahme der Barzahlungen doch aus den oben angeführten Gründen stets in erster Linie seine Befriedigung bei der Zentralnotenbank und nicht aus dem Umlauf des Landes suchen wird. Für den inneren Verkehr ist das Goldgeld dabei völlig unnötig und wegen des Verlustes an Zinsen an dem als Geld umlaufenden Goldkapital, zu dem der Verlust durch Abnützung der Goldmünzen hinzutritt, ist ihm das Papiergeld, die uneinlösbare Banknote, die den Dienst als Zahlungsmittel im Inlande gerade so gut und so sicher vollzieht wie das Goldgeld, durchaus vorzuziehen. Eine Zentralbank, die ihre Aufgabe richtig erfaßt, sollte also ihren Metallvorrat nach Möglichkeit in Devisen anlegen und zur Regulierung des Kurses der inneren Valuta gegen das Ausland verwenden, statt ihn nutzlos in ihren Kellern aufzubewahren oder ihn, ohne gesetzlich dazu verpflichtet zu sein, durch Verstärkung des inneren Goldgeldumlaufes zu vermindern.

Die Sicherheit einer Zentralnotenbank hängt ja nicht von der Größe ihres Barvorrates ab, sondern von der Vorsicht und der Sorgfalt, mit der sie bei der Prüfung der an sie gerichteten Kreditgesuche und bei der Kreditgewährung verfährt.

Dem Verhalten der Zentralnotenbanken von Frankreich, England, Deutschland und Österreich geradezu entgegengesetzt ist die Goldpolitik der Niederländischen Bank. Diese, statt die Ausfuhr von Gold zu verhindern, erleichtert dieselbe vielmehr bei einem für Holland ungünstigen Stande der Devisenkurse dadurch, daß sie Gold zur Ausfuhr zu festen Preisen abgibt, und sorgt so in erster Linie für die Beständigkeit der Devisenkurse in Holland. Allerdings, wenn das „Beschikbaar Metaalsaldo" der Bank stark abnimmt, greift auch sie zum Mittel der Diskonterhöhung. Von der Österreichisch-ungarischen Bank unterscheidet sie sich ferner dadurch, daß sie für den inneren Verkehr kein Gold hergibt, sondern in Silber oder Banknoten, also nur in nichtbarem Gelde, zahlt. Dadurch ist in Holland die

Barwährung zwar nicht rechtlich aber tatsächlich beseitigt. Die Erleichterungen in der Goldbeschaffung bei der Niederländischen Bank haben nur einen Nachteil; nämlich sie haben zur Folge, daß der Goldumlauf des Landes immer unnützer wird, da er für die Ausfuhr von Gold jetzt nicht mehr in Betracht kommt, und daß dadurch wieder eine Regeneration des Goldumlaufes verhindert wird, infolgedessen die Abnützung der umlaufenden Goldmünzen ständig zunimmt.

Als Mittel, einen für Holland ungünstigen Stand der Devisenkurse zu bekämpfen, bedient sich die Niederländische Bank außer der Goldpolitik auch der Devisenpolitik. Die Bank hält zu diesem Zweck schon seit vielen Jahren einen zeitweilig sehr beträchtlichen Vorrat an Devisen. Da aber durch Ankauf von Devisen sich entweder der Barvorrat der Bank verringert oder aber, bei Bezahlung in Noten, die täglich fälligen Verbindlichkeiten wachsen, in beiden Fällen also die metallische Deckung der täglich fälligen Verbindlichkeiten sich verschlechtert, und, da die täglich fälligen Verbindlichkeiten nach den Vorschriften von Gesetz und Statuten den zweieinhalbfachen Betrag des Barvorrates nicht übersteigen dürfen, so wäre die Bank bei einem Wachsen des einheimischen Kreditverlangens genötigt, infolge Anlage bedeutender Mittel in Devisen ihren Diskont zu erhöhen, um die durch das Gesetz gezogenen Grenzen nicht zu überschreiten. Die Anlage in Devisen geschähe alsdann auf Kosten des heimischen Kreditbedarfs. Deshalb befolgt die Niederländische Bank den Grundsatz, nur in solchen Zeiten einen großen Devisenvorrat zu halten, in denen der heimische Kreditbedarf gering ist. Steigt dagegen der Kreditbedarf der niederländischen Volkswirtschaft, so erneuert die Bank ihre Anlage in Devisen nicht, sondern löst dieselben bei Verfall ein.

Einen weiteren Fortschritt auf dem Wege zu einer möglichst wirtschaftlichen Ausgestaltung des Bankwesens bezeichnet die Bankpolitik der Banque Nationale de Belgique. Diese benutzt zwar nicht ihren Goldvorrat zur Regulierung des Standes der Devisenkurse — wie wir gesehen haben, verweigert sie grundsätzlich die Hergabe von Gold —, aber sie hält an Stelle des Goldvorrates, der bei der Banque Nationale verhältnismäßig gering ist, einen bedeutenden Vorrat an Wechseln auf das Ausland, mit deren Hilfe sie den intervalutarischen Kurs zu regulieren bemüht ist. Erst wenn ihrer Devisenpolitik ein ausreichender Erfolg mangelt oder wenn ihr Devisenvorrat sich zu erschöpfen droht, greift sie zum Mittel der Diskonterhöhung.

Mittelst ihres Devisenbesitzes erreicht die Belgische Nationalbank die Wechselkursregulierung gerade so gut wie die Niederländische Bank durch Abgabe von Gold. Andererseits liefert der Devisenbesitz der Bank einen nicht unbedeutenden Gewinn an Zinsen. Allerdings wäre es den Zentralnotenbanken der anderen Länder mit Ausnahme der Bank von Frankreich und der Bank von England, bei denen eine metallische Mindestdeckung nicht gesetzlich vorgeschrieben ist, bei den geltenden Vorschriften nicht möglich, einen so bedeutenden Devisenbesitz wie die Belgische Nationalbank zu halten, da sie nicht wie diese den Devisenvorrat in den Barvorrat einrechnen dürfen und infolgedessen bei einer beträchtlichen Anlage in Devisen sehr bald die gesetzlich vorgeschriebene Mindestdeckung der Noten bzw. täglich fälligen Verbindlichkeiten erreicht würde. Bei der Niederländischen Bank ist sogar der Devisenanlage durch Gesetz eine Höchstgrenze gesetzt.

4. Die Anpassung der Kreditnachfrage an die verfügbaren Kreditmittel der Banken.

Haben wir soeben die Einwirkungen der Wechselkursbewegung auf die Diskontpolitik der Notenbanken und damit auf die Bewegung des Diskontes betrachtet, so wenden wir uns nunmehr einer vergleichenden Zusammenstellung jener Gründe der Diskontbewegung zu, die in dem die Diskontpolitik hauptsächlich leitenden Bestreben der Banken liegen, für eine den gesetzlichen Vorschriften entsprechende Deckung der Noten oder täglich fälligen Verbindlichkeiten durch den

Bestand an Auslandswechseln und Guthaben im Auslande in Millionen Mark und in % der gesamten Wechselanlage bei der

Ende des Jahres (bei der Niederl. Bank am 31. März)	Reichsbank		Österr.-ungar. Bank ohne ausländ. Guthaben		Belgischen National-bank		Niederländischen Bank	
	Millionen Mark	% der Wechsel-anlage	Millionen Mark	% der Wechsel-anlage	Millionen Mark	% der Wechsel-anlage	Millionen Mark	% der Wechsel-anlage
1896	8,65	0,4	57,66	8,2	82,8	27,1	11,03	11,4
1897	15,04	0,4	57,58	14,4	97,3	27,4	12,47	9,3
1898	36,22	0,7	34,46	5,9	76,6	27	13,19	10,0
1899	33,07	2,3	42,66	8,3	88,2	24,9	20,1	9,7
1900	80,31	3,3	50,99	12,8	114,1	25	20,5	17,3
1901	56,76	3,2	50,997	16,3	131,7	32,5	21,5	19,1
1902	64,22	2,9	50,996	20,2	137,2	33,3	18,1	18,5
1903	54,36	2,8	132,03	19,1	125,1	29,7	18,8	11,0
1904	55,05	2,7	115,14	15,8	132,7	30,1	36,2	18,2
1905	68,15	3,6	84,41	13,6	109,2	30,4	41,4	30,5
1906	84,05	4,4	80,49	10,1	117,4	26,7	15,6	19,8
1907	35,85	4,0	72,92	8,3	121,8	23,9	—	12,0

Die Anlage der Österreichisch-ungarischen Bank in ausländischen Forderungen (Devisen, Noten und Guthaben im Auslande) betrug Ende des Jahres:
1900: 89,2; 1901: 212,3; 1902: 269,8; 1903: 277,7; 1904: 233,4; 1905: 192,7 und am 30. Juni 1906: 219,7 (Bankenquête 1908, Tabelle II, 23 Anm. 2).
Bankenquête, Tabelle II, 23 und 22.

Metallvorrat zu sorgen. Wie schon zu Anfang dieser Untersuchung festgestellt wurde, soll die Diskontpolitik der Banken in erster Linie die an die Bank gestellten Kreditanforderungen den jeweils verfügbaren Kreditmitteln der Banken anpassen. Eine Erhöhung des Diskontes ist also der Ausdruck des Umstandes, daß nach Ansicht der Bankleitung der Umfang der augenblicklichen Inanspruchnahme des Kredites der Bank in einem Mißverhältnis zu den verfügbaren Kreditmitteln der Bank steht; sie ist der Ausdruck der Unzulänglichkeit der Mittel der Bank für die Befriedigung der zur gegebenen Zeit an sie gerichteten Kreditgesuche.

a) **Die Kreditmittel und ihre Bedingungen.**

α) Die Bedingungen.

Diese Unzulänglichkeit kann ihrerseits bedingt sein entweder 1. durch die zu geringen Kreditmittel der Bank oder 2. durch zu starke Inanspruchnahme ihres Kredites.

Vergleichen wir zunächst die Größe der Kreditmittel der einzelnen von uns betrachteten Notenbanken, und suchen wir deren Bedingungen. Wir sahen, daß die Kreditmittel der Notenbanken in den verschiedenen Staaten auf sehr verschiedene Weise begrenzt sind: teils durch gesetzliche Vorschrift, teils durch freiwillig von Seiten der Banken angenommene Grundsätze; teils ist nur die Menge der Noten, welche die Bank ausgeben darf, begrenzt — so in England, Frankreich, Deutschland, Österreich-Ungarn —; teils ist auch den sonstigen täglich fälligen Verbindlichkeiten eine Grenze gesetzt — so in Belgien, Holland —.

Daß in den letzteren Ländern für alle täglich fälligen Verbindlichkeiten die gleiche Mindestdeckung durch den Metallvorrat vorgeschrieben ist wie für den Notenumlauf, ist durchaus vernünftig, denn, da die Notenbanken ebensogut ihre sonstigen Verbindlichkeiten erfüllen wie ihre Noten einlösen müssen, so würde wenn für die täglich fälligen Depositen und Giroguthaben keine Deckung vorhanden ist, die wirkliche Deckung der Noten weit geringer sein als die rechnungsmäßige, da der gleiche Metallgeldvorrat, durch den die Noten gedeckt sind, alsdann ja auch für die sonstigen Verbindlichkeiten als Deckung dient, wobei diese unter Umständen, wie bei der Bank von England, größer sein können als der Betrag der umlaufenden Noten.

Ist diese Bestimmung über die Deckung aller täglichen Verbindlichkeiten statt allein der Noten an sich durchaus gerechtfertigt, so hat sie doch andererseits den Nachteil, daß die übrigen Banken in jenen Ländern, für die keine Deckung der jederzeit fälligen Verpflichtungen gesetzlich vorgeschrieben ist, in dieser Hinsicht günstiger gestellt sind als die Notenbanken. Dadurch wird es jenen Notenbanken erschwert, eine beherrschende Stellung im Kreditverkehr des Landes zu gewinnen oder die bereits gewonnene Vormachtstellung zu behaupten.

Andererseits hat diese Bestimmung in Holland und Belgien wohl nicht wenig dazu beigetragen, daß die Zentralnotenbanken der beiden Länder nur wenig für die Ausbildung und Förderung des Giroverkehrs getan haben. Während insbesondere die Bank von England und die Reichsbank bestrebt gewesen sind, durch Kreditgewährung im Wege des Giro- oder Scheckverkehrs, die durch die gesetzlichen Vorschriften über die Notenausgabe gezogenen Grenzen ihrer Mittel zu beseitigen, und zu diesem Zwecke den Giro- und Depositenverkehr durch mancherlei Maßnahmen wie insbesondere kostenfreie Besorgung der Zahlungen für ihre Girokunden zu fördern, hatten die Belgische Nationalbank und die Niederländische Bank, absolut kein Interesse daran, sich ohne Entgelt mit dieser Arbeit zu belasten, da sie ja für alle täglich fälligen Verbindlichkeiten gleichermaßen eine metallische Quotendeckung halten müssen.

Diese Verschiedenheit in der Ausbildung der Art der Kreditmittelbeschaffung und der Kreditgewährung muß man sich vergegenwärtigen bei der Betrachtung der Größe der Kreditmittel der verschiedenen Notenbanken. Die Kreditgewährung seitens der Bank von England wie der übrigen englischen Banken geschieht zum größten Teil durch Gut-

Bank of England

im Durchschnitt des Jahres:	Betrag der vom Issue-Department ausgegebenen Noten in Millionen £	Betrag der in der Bankabteilung befindlichen Noten	
		in Millionen £	in % des Betrages der vom Issue-Department ausgegebenen Noten
1844	27,93	7,85	28
1900	49,23	19,8	40
In der Woche endend am:			
10. Juni 1908	54,9	26,96	47,2
17. „ 1908	55,7	25,88	48,4

Die Zahlen für 1844 und 1900 sind Palgrave a. a. O., die übrigen dem „Economist" entnommen.

schrift auf das Bankkonto der Kreditnehmer. Die Banknote dagegen spielt hier als direktes Mittel der Kreditgewährung eine ganz untergeordnete Rolle eben infolge der zu engen Grenzen, die durch die Bankgesetzgebung hier der Notenausgabe gezogen sind. Die vom Issue-Department der Bank von England ausgegebenen Noten befinden sich zum großen Teil im Banking-Department als Deckung der täglich fälligen Konten.

Weniger häufig als in England geschieht die Kreditgewährung mittelst Gutschrift auf das Giro- bzw. Depositenkonto bei der Deutschen Reichsbank und der Banque de France und noch weniger bei der Österreichisch-ungarischen Bank, der Belgischen Nationalbank und der Niederländischen Bank. Die Bank von Frankreich und die Reichsbank gewähren zum größten Teil, die Österreichisch-ungarische Bank, die Belgische Nationalbank und die Niederländische Bank gewähren fast ausschließlich in Noten Kredit. Infolgedessen ist der Betrag der umlaufenden Noten der Reichsbank, der

Banque de France und der Österreichisch-ungarischen Bank absolut und pro Kopf der Bevölkerung des Landes, der der Niederländischen Bank und der Belgischen Nationalbank im Verhältnis zur Einwohnerzahl weit größer als der der Bank von England. Relativ wie absolut am größten ist der Notenumlauf der Banque de France. Ihr folgen der relativen Größe des Notenumlaufes nach die Belgische Nationalbank und die Niederländische Bank.

Betrachten wir nunmehr den Umfang der Kreditmittel, die den einzelnen Banken zur Verfügung stehen.

Da die Bank von England hauptsächlich im Wege der Gutschrift Kredit gewährt, ihr aber für die täglich fälligen Verbindlichkeiten keine Mindestdeckung vorgeschrieben ist, so sind gesetzlich die Kreditmittel der Bank nicht beschränkt. Infolge des von der Bank selbständig befolgten Deckungsgrundsatzes hängt aber tatsächlich der Betrag der verfügbaren Kreditmittel der Bank von der Deckung der täglich fälligen Guthaben, also vom Bestand der Bankabteilung an Noten und Metallgeld ab. Da der Betrag der nicht durch Metall gedeckten Noten gesetzlich absolut begrenzt ist, so ist der Betrag der Kreditmittel der Bank von England wesentlich von ihrem Metallvorrate abhängig.

Die Reichsbank kann nicht bar gedeckte Noten steuerfrei nur bis zur Höhe ihres Kontingentes ausgeben. Außerdem darf sie wegen der Vorschrift der Drittelbardeckung nicht mehr als den dreifachen Betrag ihres Vorrates an staatlichem Gelde in Noten ausgeben. Diese letztere Vorschrift bindet die Notenausgabe der Reichsbank an den Barvorrat. Nun ist allerdings die Vorschrift der Dritteldeckung in der gesetzlichen Fassung infolge der zunehmenden Kreditgewährung durch Gutschrift im Giroverkehr praktisch von weniger großer Bedeutung, da sie sich nur auf die Noten nicht aber auf sämtliche täglich fälligen Verbindlichkeiten bezieht. Die Reichsbank befolgt aber, auch ohne gesetzlich hierzu verpflichtet zu sein, den Grundsatz einer genügenden Deckung für alle täglich fälligen Verbindlichkeiten, Noten, Depositen und Giroguthaben, so daß dennoch

Die Kreditmittel der Zentralnotenbanken in
Millionen Mark. Die sämtlichen täglich fälligen
Verbindlichkeiten (Noten und fremde Gelder)

im Durch-schnitt der Jahre	bei der Reichs-bank	Bank von England	Banque de France	Österr.-ungar. Bank	Belg. National-bank	Nieder-ländische Bank
1876—1880	874	1215	2402,3	503,6	311	372
1891—1895	1491	1337	3275	807,5	390	353
1896—1900	1608	1623	3680	1173	471	369
1901—1905	1828	1640	4039	1469	575	418
1906	1963	1692	4476	1652	638	471
1907	2058	1691	4520	1759	665	468

Der Notenumlauf in Millionen Mark und pro Kopf
der Bevölkerung in Mark

im Durch-schnitt der Jahre	Mill. M.	p.K. M.	Mill. M.	p.K. M.	Mill. M.	p.K. M.	Mill. M.	p.K. M.	Mill. M.	p.K. M.	Mill. M.	p.K. M.
1876—1880	681	15,4	571	16,8	1913	51,5	496	13,3	261	48,1	325	81,8
1881—1885	737	16,0	523	14,7	2269	59,9	590	15,2	274	48,1	322	76,5
1886—1890	913	19,0	500	13,5	2285	59,6	654	16,1	297	49,8	348	78,1
1891—1895	1007	19,8	523	13,5	2702	70,4	781	18,4	338	54,1	340	71,7
1896—1900	1115	20,5	566	14,0	3053	78,8	1099	24,7	411	62,6	356	72,6
1901—1905	1259	21,5	592	13,9	3447	88,2	1309	27,9	515	73,8	404	74,4
1906	1387	22,7	590	13,5	3774	96,1	1493	31,	569	78,6	459	81,1
1907	1479	23,9	591	13,4	3897	99,1	1564	32,2	602	82,3	449	78,2

Die fremden Gelder in Millionen Mark

im Durch-schnitt der Jahre	bei der Reichs-bank	Bank von England	Banque de France	Österr.-ungar. Bank	Belg. National-bank	Nieder-ländische Bank
1876—1880	193	643	490	7,3	50	47
1881—1885	203	637	548	10,6	55	18
1886—1890	353	635	559	12,4	51	34
1891—1895	484	813	573	26,4	52	13
1896—1900	494	1058	627	74	60	13
1901—1905	569	1048	592	159	60	14
1906	576	1102	702	159	69	12
1907	579	1100	623	195	62	19

Bankenquête 1908. Tabelle II, 8 und 16.

die Höhe des Betrages der verfügbaren Kreditmittel der Reichsbank von ihrem Geldvorrat abhängt.

Die Bank von Frankreich muß sich mit ihrer Notenausgabe unter dem gesetzlich festgesetzten Maximalbetrage halten.

Dagegen ist sie nicht verpflichtet, eine bestimmte Mindestdeckung der Noten durch Metallgeld aufrechtzuerhalten. Die Bank von Frankreich könnte demnach, ohne gegen die gesetzlichen Vorschriften zu verstoßen, außer dem Maximalbetrag an Noten, die sie in Umlauf bringen darf, auch noch ihren ganzen Barvorrat zur Kreditgewährung verausgaben. Sie wird aber natürlich eine genügende Reserve halten. Diese Reserve braucht nicht einmal sehr groß zu sein, da, wie wir gesehen haben, eine Einlösung der Noten der Banque de France durch das von der Bank bei der Einlösung beobachtete Verhalten beinahe völlig verhindert wird.

Bei der Österreichisch-ungarischen Bank sind die Grenzen der Kreditmittel durchaus analoge wie bei der Reichsbank, nur daß ihre Notenausgabe das Zweieinhalbfache des Betrages des Metallvorrates nicht überschreiten darf und daß sie die von den Regierungen aus Anlaß der Valutaregulierung hinterlegten Goldmünzen nicht zur Deckung aller Noten sondern nur zur Deckung der an die Stelle von Staatsnoten in Umlauf gebrachten Banknoten verwenden darf. Bei der Österreichisch-ungarischen Bank entspricht die gesetzliche Grenze aber ziemlich genau der tatsächlichen Grenze, da der Bankzahlungsverkehr hier noch wenig entwickelt ist.

Die Niederländische Bank ist in ihren Kreditmitteln nur durch die Quotendeckungsvorschrift, die sich auf alle täglich fälligen Verbindlichkeiten bezieht, beschränkt und zwar auf das Zweieinhalbfache des Metallvorrates der Bank.

Nach Bankgesetz und Statuten soll die Belgische Nationalbank nicht mehr sofort fällige Verpflichtungen eingehen als bis zum dreifachen Betrage ihres Barvorrates, in den die Bank gewohnheitsrechtlich den Betrag ihres Devisenvorrates einrechnen darf. Aber mit Genehmigung des Finanzministers dürfen die Verbindlichkeiten diesen Betrag auch überschreiten, wie es denn auch vielfach der Fall gewesen ist, so allein im Jahre 1907 an 28 von 52 Ausweistagen[1]).

Es ergibt sich also, daß die Kreditmittel aller von uns betrachteten Notenbanken — infolge der Verschiedenheit der gesetzlichen Vorschriften und Grundsätze der Banken allerdings in sehr verschiedenem Maße —, in letzter Linie abhängig sind vom Barvorrate der Banken. Wir müssen uns also im folgenden der Vergleichung des Barvorrates der einzelnen Banken sowie einer Betrachtung jener Umstände zuwenden, die für die Größe des Barvorrates der Banken von Belang sind.

Wir haben bereits gesehen, welchen Einfluß der Ausgleich der Zahlungen an das Ausland auf den Stand des Barvorrates auszuüben vermag, und wie hierdurch die Diskontpolitik der einzelnen Notenbanken in sehr verschiedenem Grade berührt wird, wie insbesondere die Verschiedenheit in der Geldverfassung der Länder den einzelnen Banken ein ganz verschiedenes Verhalten gegenüber einem Goldbedarf des Auslandes ermöglicht. Aber noch nach einer anderen Seite hin wirkt die Geldverfassung der Länder auf den Barvorrat der Zentralbanken ein.

Die Bank von England muß auf Verlangen alle Zahlungen in Goldgeld machen, da in England das Goldgeld das einzige nicht einlösbare Kurantgeld ist. Aber auch ohne daß Gold ausdrücklich verlangt wird, muß sie alle Zahlungen unter 5 £ in Metallgeld machen, da sie keine Noten unter 5 £ ausgeben darf[2]).

Auch die Deutsche Reichsbank muß auf Verlangen alle Zahlungen in Gold machen, und bis zum Jahre 1906 durfte sie nur Noten in Beträgen von 100 Mark und darüber ausgeben, mußte also alle Beträge unter 100 Mark in anderen Geldarten zahlen, wodurch eine Verminderung des „Bar-

---

[1]) Nach dem Jahresbericht der Banque nationale de Belgique, 1908. (Bericht über das Geschäftsjahr 1907.)
[2]) Jaffé, a. a. O. S. 105.

Stückelung des Notenumlaufes der Reichsbank, Bank von Frankreich und der Österreichisch-ungarischen Bank. In % des Gesamtbetrages der umlaufenden Noten belief sich der Betrag der umlaufenden Noten

Ende des Jahres	bei der Reichsbank zu			
	1000 Mark	100 Mark	50 Mark	20 Mark
1876	auf: 29,6 %	46,4 %	—	—
1900	27,1 %	72,8 %	—	—
1906	—	—	3 %	2 %
1907	17,7 %	66,9 %	7,4 %	8 %

Ende Januar	bei der Banque de France zu			
	1000 Frank	500 Frank	100 Frank	50 Frank	25, 20, 5 Frank
1876	auf: 35,9 %	9,1 %	44,5 %	7,1 %	3,4 % (20 Fr.: 3,2 %)
1880	59,1 %	15,5 %	24,7 %	0,4 %	0,37 %
1908	28,2 %	5,9 %	52,3 %	13,6 %	0,04 %

Ende	bei der Österreichisch-ungarischen Bank zu					
	1000 Gulden	100 Gulden	10 Gulden	1000 Kronen	100 Kronen	50 Kronen	20 Kronen	10 Kronen
1876	auf: 27,9 %	31,8 %	40,3 %	—	—	—	—	—
1900	14,9 %	35,9 %	43,1 %	—	—	—	—	—
1907	—	—	0,1 %	17,6 %	30,5 %	—	6,0 %	—
							32,5 %	7,8 %

Bankenquête 1908; Tabelle II, S. 9.

vorrates" der Bank eintrat. Seit dem Inkrafttreten des Gesetzes vom 20. Juni 1906 kann die Reichsbank, falls nicht ausdrücklich anderes verlangt wird, zu Zahlungen von Beträgen von 20 Mark und mehr ihre Noten verwenden. Hierdurch wird es der Bank ermöglicht, beinahe stets in Noten statt in „Bargeld" zu zahlen, da die Zwanzigmarknoten geeignet sind, das Goldgeld auch im Kleinverkehr zu ersetzen.

Die Bank von Frankreich macht regelmäßig ihre Zahlungen in Noten. Sie gewährt Darlehen in Noten, bezahlt die Diskonten mit Noten und löst die Schecks, welche ihr zur Einlösung präsentiert werden, in Noten ein. Da die Noten der Bank von Frankreich bis zu 50 Frank[1]) herunter gelten, so kann die Bank beinahe alle Zahlungen in Noten machen. Nur zu Zahlungen geringeren Betrages muß sie Metallgeld verwenden, und zwar benutzt sie hierzu, wie wir sahen, in der Regel die silbernen Fünffrankstücke. Dagegen erhält sie einen großen Teil der Zahlungen von ihren Schuldnern und Girokunden in Metallgeld.

Andererseits ist die Banque de France bemüht, eine Einlösung ihrer Noten nach Möglichkeit zu verhindern. Dieses Verhalten der Bank wird, wie wir sahen, allein ermöglicht durch die französische Geldverfassung.

Die Belgische Nationalbank verhält sich gegenüber einer Abgabe von Metallgeld an das Ausland wie für den inneren Verkehr durchaus ablehnend und befindet sich hierbei infolge der belgischen Geldverfassung in einer gleich günstigen Lage wie das französische Schwesterinstitut. Sie zahlt in der Regel in Noten, die auf Beträge von 20 Frank und darüber lauten.

Auch die Niederländische Bank zahlt regelmäßig in Noten und ist durch die niederländische Geldverfassung in

---

[1]) Bankenquête 1908, Teil 2, S. 18; — de St.-Génis, S. 67. Die Bank von Frankreich darf allerdings auch Noten zu 25 Frank, 20 Frank, 10 Frank und 5 Frank ausgeben. Tatsächlich gibt die Bank Noten zu 10 Frank garnicht aus und der Betrag der umlaufenden Noten zu 25 Frank, 20 Frank und 5 Frank ist unbedeutend.

Der Geldvorrat und seine Zusammensetzung pro Kopf der Bevölkerung in Mark.

in	Geldvorrat am 1. Januar			Zusammensetzung des Geldvorrates am 1. Januar 1906			
	1899	1905	1906	Gold	Silber	davon: Kurantgeld	ungedecktes Papier
Deutschland	78,3	89,0	93,0	63,6	14,5	1,8	14,8
England	71,6	73,8	75,7	53,7	10,8	—	11,2
Frankreich	151,8	156,0	167,7	110,9	44,1	17,3	12,7
Österreich-Ungarn	43,1	38,0	43,6	26,3	9,0	—	8,4
Belgien	100,2	100,0	98,9	18,1	14,6	8,9	66,2
den Niederlanden	112,4	112,4	114,0	31,3	41,3	38,0	41,3

Metallgeldvorrat pro Einwohner in Mark

in	am 1. Januar 1906
Deutschland	78,1
England	64,5
Frankreich	155,1
Österreich-Ungarn	35,3
Belgien	32,7
den Niederlanden	72,6

Conrads „Volkswirtschaftliche Chronik", Anhang zu Conrads Jahrbüchern.

den Stand gesetzt, eine Einlösung ihrer Noten, die auf Beträge bis zu 10 Gulden abwärts lauten, beinahe ganz zu verhindern. Aber, wie wir sahen, unterscheidet sich ihr Verhalten wesentlich von dem der Bank von Frankreich und der Belgischen Nationalbank dadurch, daß sie zur Ausfuhr Gold in Barren oder ausländischen Valuten jederzeit zu festem Preise abgibt, während jene gerade einen Abfluß von Gold in das Ausland nach Möglichkeit zu unterbinden suchen.

Die Einlösung von Metallgeld in Noten und von Noten in Metallgeld oder Noten durch die Niederländische Bank. Es wurden bei der Niederländischen Bank eingeliefert zur Umwechslung in

im Jahre[1])	Banknoten		Metallgeld
	Banknoten Millionen Gulden	Metallgeld[2]) Millionen Gulden	Banknoten Millionen Gulden
1903—1904	311,7	78,5	112,4
1904—1905	347,1	84,6	112,6
1905—1906	373,0	78,8	105,8
1906—1907	407,4	87,6	113,8
1907—1908	452,3	91,5	115,1

Nach den Jahresberichten der Niederländischen Bank.

Die Österreichisch-ungarische Bank verhält sich wie schon festgestellt wurde, gegenüber einem Abfluß von Gold in den Umlauf des Landes völlig abweichend von den Notenbanken der übrigen Länder. Obwohl sie überhaupt nicht verpflichtet ist, Metallgeld abzugeben, da ihre Noten gesetzlich uneinlösbar und Kurantgeld sind, gibt sie gerade

---

[1]) Geschäftsjahr vom 1. April bis zum 31. März.
[2]) Berücksichtigt ist nicht das bei der Amsterdamer Hauptstelle zur Umwechslung in Noten eingelieferte Metallgeld, soweit es nicht bei der besonderen Umwechslungsstelle umgewechselt wurde; zirka 14—15 Millionen Gulden.

entgegen dem Verhalten der Niederländischen Bank und der Belgischen Nationalbank, die eine Einlösung ihrer Noten, zu der sie gesetzlich verpflichtet sind, tatsächlich nach Möglichkeit verhindern, aus eigener Initiative Gold aus ihrem Barvorrat an den Umlauf des Landes ab, vermindert so selbst die Deckung ihrer Noten und legt den Grund für eine spätere Diskonterhöhung.

Das soeben von uns beobachtete verschiedene Verhalten der Banken, das sich auf eine Verschiedenheit der Geldverfassung der einzelnen Länder stützt, tritt deutlich zutage in der Größe des Metallvorrates der einzelnen Banken sowie in der Verteilung des in den Ländern vorrätigen Goldgeldes auf die Notenbanken einerseits, auf den Geldumlauf andererseits.

Aber noch ein anderer Umstand ist neben der Politik der Notenbanken von Bedeutung für die Größe des Barvorrates der Notenbanken: der Betrag des Vorrates des Landes an vom Staate ausgegebenen Gelde.

In Frankreich und in den Niederlanden ist der Betrag des Metallgeldvorrates größer als in den übrigen Staaten. Da für größere Zahlungen die Zahlung in Banknoten bzw. der Überweisungs- und Scheckverkehr der Zahlung in Metallgeld und insbesondere in Silbergeld vorgezogen wird, so sammelt sich das vom Staate ausgegebene Silbergeld, soweit es nicht, in begrenztem Umfange, im Kleinzahlungsverkehr Verwendung findet, bei den Notenbanken an. Ebenso sammelt sich bei einem großen Goldgeldvorrat, wie er in Frankreich vorhanden ist, auch dieses bei den Banken an, und zwar in um so höherem Maße, als der Giroverkehr an Ausdehnung zunimmt oder die Banknote allgemeines Zahlungsmittel wird.

Frankreich hat, abgesehen von einigen südamerikanischen Republiken, von allen Staaten der Welt am meisten Umlaufsmittel pro Kopf der Bevölkerung. Hieraus zusammen mit der Politik der Bank erklärt es sich, daß der Metallvorrat der Banque de France wie auch der Goldvorrat derselben bedeutend größer ist als der der übrigen Zentralnotenbanken.

— 95 —

Die Metallvorräte der Notenbanken in Millionen Mark

im Durchschnitt der Jahre	Barvorrat der Reichsbank	Metallvorrat der					zuzüglich der Devisenanlage
		Bank of England	Banque de France	Österr.-ungar. Bank	Neder-landsche Bank	Banque Nationale de Belgique	
1876—1880	578,8	524,8	565,7	1676,0	280,0	241,5	86,8	—
1881—1885	619,8	577,1	472,9	1638,1	342,0	210,3	78,3	—
1886—1890	839,5	808,3	436,7	1944,0	375,9	249,3	81,9	—
1891—1895	958,6	924,7	611,2	2382,3	461,0	212,2	89,8	—
1896—1900	886,2	851,4	731,5	2561,1	822,6	202,9	86,5	—
1901—1905	979,8	939,6	719,0	2984,2	1175,5	234,9	94,9	229,5
1906	948,8	891,0	693,4	3181,8	1199,7	234,7	101,7	230,8
1907	947,7	843,3	712,4	2973,6	1180,0	232,0	99,3	217,6

Goldvorräte der Zentralbanken in Millionen Mark bei der

im Durchschnitt der Jahre	Reichsbank	Bank of England	Banque de France	Österreichisch-ungarischen Bank	Neder-landsche Bank	Ende des Jahres	Belgischen National-Bank
1876—1880	231,6	561,6	835,5	131,9	99,4	1890	48,3
1881—1885	251,5	468,8	749,1	137,0	51,0	1897	71,9
1886—1890	513,6	432,6	970,5	120,9	103,8	1898	74,5
1891—1895	611,3	607,2	1360,2	192,2	74,1	1899	75,0
1896—1900	584,1	727,4	1586,1	612,6	70,0	1901	69,8
1901—1905	693,6	707,6	2086,6	926,4	107,5	1904	79,5
1906	674,7	677,1	2332,9	947,7	116,7	1905	81,6
1907	633,8	691,1	2188,8	931,9	120,8	1906	84,1
						1907	89,9

Bankenquête 1908. Tabelle II, S. 5 und 6.

Die Barvorräte der Zentralnotenbanken pro Einwohner des Landes in Mark.

im Durchschnitt der Jahre	Barvorrat der Reichsbank	Metallvorrat der			Devisen und Metall der Belgischen Nationalbank	Metallvorrat der Niederländschen Bank
		Banque de France	Bank of England[1])	Österreichisch-ungarischen Bank		
1901—1905	16,7	76,3	21,7	26,7	14,2	44,3
1907	15,3	75,7	20,4	25,1	14,0	42,2

Die Zusammensetzung des Metallvorrates der Niederländischen Bank. Es betrug in Millionen Mark der

im Jahre	Metallvorrat	Goldvorrat	Silbervorrat
1876—1880	241,5	99,4	135,8
1880—1885	210,3	51,0	160,4
1886—1890	249,3	103,8	145,3
1891—1895	212,2	74,1	138,1
1895—1900	202,9	70,0	132,9
1901	229,8	113,3	116,5
1902	233,8	100,7	133,1
1903	215,8	83,7	132,0
1905	255,1	129,8	125,3
1901—1905	234,9	107,5	127,4
1907	232,0	120,8	111,3

[1]) Berechnet auf den Kopf der Bevölkerung von England und Wales. Bankenquête 1908, Teil 2 Tab. 5, 6 und 7.

Den niedrigsten Metallvorrat und zwar absolut wie auch relativ, d. h. im Verhältnis zur Einwohnerzahl des Landes, hat die Belgische Nationalbank. Das hat seinen Grund zum Teil darin, daß von den Ländern unserer Betrachtung Belgien den kleinsten Vorrat an Metallgeld hat. Einen relativ etwas größeren Barvorrat haben die Deutsche Reichsbank und die Bank von England, deren Metallvorrat relativ $1^1/_3$ mal so groß ist, wie der Barvorrat der Reichsbank. Der Metallvorrat der Österreichisch-ungarischen Bank war im Jahre 1907 relativ $1^2/_3$, der der Niederländischen Bank $2^4/_5$, der der Banque de France fast 5 mal so groß wie der Barvorrat der Reichsbank. Die Größe des Metallvorrates der Niederländischen Bank hat nicht ihren Grund in einem besonders großen Vorrat Hollands an Metallgeld überhaupt, dieser ist vielmehr in den Niederlanden kleiner als derjenige

Der Anteil der Zentralnotenbanken am Goldvorrat des Landes.

in	Am 1. Jan. 1906	Am 31. Dez. 1905	Am 1. Jan. 1899	Am 31. Dez. 1898
	betrug der Goldvorrat		betrug der Goldvorrat	
	des Landes	der Zentralnotenbank	des Landes	der Zentralnotenbank
	in Millionen Mark	in % des Goldvorrates des Landes	in Millionen Mark	in % des Goldvorrates des Landes
Deutschland .	3853	569,4	15,5	2750	504,5	18,3
England	2348	566,5	24,1	1942	595,3	30,7
Frankreich . .	4337	2320,1	53,5	3405	1472,9	43,3
Österr.-Ung. .	1291	913,0	70,7	930	611,0	65,7
Belgien	128	81,6	63,8	126	74,5	59,1
Niederlanden	172	133,9	77,8	127	87,5	68,9

Conrads Jahrbücher, Volkswirtschaftliche Chronik für 1901, S. 132, 133 und 562; für 1907, S. 282, 283, 858 und 859.

Der Betrag der nach den gesetzlichen Bestimmungen höchstzulässigen Notenausgabe in Millionen Mark bei der

im Durchschnitt der Jahre	Reichsbank	Bank of England	Banque de France	Österr.-ungar. Bank	Nederlandsche Bank	Belg. National-Bank
1896—1900	2658,6	1108,4			493,9	
1901—1905	2939,4	1095,9	4050	(Ende	583,5	628,5
1906	2846,4	1070,3		1907:	584,9	623,8
1907	2843,1	1089,3	4698	2086,9)	561,0	578,4
1908				2690,5		

und die tatsächliche Notenausgabe in Millionen Mark

1896—1900	1114,8	565,6			355,9	
1901—1905	1258,6	592,3	3447,4	(Ende	404,0	515,2
1906	1387,2	590,2		1907:	459,3	568,9
1907	1478,8	591,3	3897,4	1723,8)	449,1	602,2
1908				1584,7		

sowie die Notenreserve d. h. der Unterschied zwischen der nach den gesetzlichen Bestimmungen höchstzulässigen Notenausgabe und dem wirklichen Notenumlauf.

1896—1900	1543,8	532,8			138,0	
1901—1905	1680,8	503,6	602,6	(Ende	179,5	113,3
1906	1459,2	480,1		1907:	125,6	54,9
1907	1364,3	498,1	800,6	702,1)	111,9	— 23,8
1908				1105,8		

Deutschlands, sondern in einem großen Vorrat an Silberkurantgeld. Infolgedessen besteht auch der Metallvorrat der Niederländischen Bank zu einem großen Teil aus Silber.

In Deutschland befand sich Ende 1905 nur etwa $1/6$ des gesamten Goldvorrates in der Reichsbank. In England dagegen, dessen Barvorrat nicht ganz $2/3$ des deutschen aus-

Der Betrag der nach den gesetzlichen Bestimmungen
höchstzulässigen Notenausgabe pro Einwohner
in Mark bei der

im Durchschnitt der Jahre	Reichsbank	Bank of England[1]	Banque de France	Österr.-ungar. Bank	Niederlandsche Bank	Belg. Nationalbank
1901—1905	50,1	33,0	103,6	(Ende 1907: 49,4)	110,1	93,8
1907	46,0	31,4	119,5		100,2	81,5
1908				53,7		

und die tatsächliche Notenausgabe pro Kopf der
Bevölkerung in Mark

1901—1905	21,5	17,9	88,2	(Ende 1907: 35,1)	74,4	76,9
1907	23,9	17,0	99,1		78,2	84,8
1908				31,6		

sowie die Notenreserve pro Kopf der Bevölkerung
in Mark.

1901—1905	28,7	15,1	15,4	(Ende 1907: 14,3)	35,7	16,9
1907	22,1	14,4	20,4		22,0	— 3,3
1908				22,1		

macht, ist der Anteil der Zentralbank am Goldvorrate des
Landes größer als in Deutschland wohl infolge der weiter
fortgeschrittenen Entwicklung des Bankzahlungsverkehrs.
Hier befindet sich ungefähr ¹/₄ des Goldvorrates des Landes
im Besitze der Bank von England. In Frankreich befindet
sich mehr als die Hälfte, in Belgien etwa ²/₃, in den Niederlanden ungefähr ³/₄ des im Lande vorrätigen Goldes in der
Zentralnotenbank.

---

[1]) Berechnet auf den Kopf der Bevölkerung von England und
Wales. Schottland und Irland haben ein besonderes Notenbankwesen.

Einen großen Anteil am Goldvorrate des Landes hat den geschilderten Verhältnissen gemäß die Österreichisch-ungarische Bank, die etwa $9/13$ desselben in ihrem Besitz hat.

β) **Vergleichung der Kreditmittel.**

Nach der Betrachtung des Barvorrates wenden wir uns jetzt der Vergleichung des Betrages der Kreditmittel, d. h. der zur Kreditgewährung verfügbaren Mittel der Banken zu. Dieser hängt, wie wir sahen, einerseits vom Barvorrat, andererseits von den gesetzlichen Vorschriften oder den Grundsätzen der Banken über Kontingentierung, Bardeckung und anderem ab. Was zunächst den Höchstbetrag der nach den gesetzlichen Vorschriften zulässigen Notenausgabe angeht, so ist dieser absolut wie im Verhältnisse zur Einwohnerzahl des Landes am größten in Frankreich, wo er gleich dem Kontingent der Notenausgabe ist. Ihr folgt hinsichtlich der relativen Größe des höchstzulässigen Notenumlaufes zunächst die Niederländische Bank. An dritter Stelle steht die Belgische Nationalbank, an vierter die Österreichisch-ungarische Bank, an fünfter die Reichsbank und an letzter die Bank of England.

Ziehen wir von dem berechneten Betrag der höchsten gesetzlich zulässigen Notenausgabe den Betrag des tatsächlichen Notenumlaufes ab, so erhalten wir den Betrag der Notenreserve, d. i. der Höchstbetrag der Noten, die die Banken den gesetzlichen Vorschriften gemäß zur gegebenen Zeit noch in Umlauf bringen dürfen.

Dieser Betrag war, berechnet auf den Kopf der Bevölkerung am größten bei der Niederländischen Bank. An zweiter Stelle folgt die Reichsbank, an dritter die Bank von Frankreich, dann die Österreichisch-ungarische Bank und die Bank von England. Bei der Belgischen Nationalbank war im Durchschnitt des Jahres 1907 eine Notenreserve nicht vorhanden; vielmehr überschritt der Betrag der von der Bank ausgegebenen Noten den nach der gesetzlichen Vorschrift der Dritteldeckung zulässigen Höchstbetrag der Notenausgabe.

Steuerfreier Notenumlauf (Barvorrat und Kontingent der nicht bargedeckten Noten)

im Durchschnitt der Jahre	in Millionen Mark bei der			pro Kopf der Bevölkerung in Mark bei der		
	Reichsbank	Österr.-ungar. Bank		Reichsbank	Österr.-ungar. Bank	
			davon zur Kreditgewährung verfügbar			davon als Kreditmittel verfügbar
1901—1905	1446,6	1551,2		24,6	32,9	
1906	1421,6	1588,2		23,3	32,95	
1907	1420,6	1569,2	1230,5	22,9	32,3	25,1

Steuerfreie Notenreserve (Steuerfreier Notenumlauf — tatsächlicher Notenumlauf) bzw. (—) **Steuerpflichtiger Notenumlauf** (Notenumlauf — Steuerfreier Notenumlauf)

im Durchschnitt der Jahre	in Millionen Mark bei der		pro Kopf der Bevölkerung in Mark bei der	
	Reichsbank	Österr.-ungar. Bank	Reichsbank	Österr.-ungar. Bank
1901—1905	188,0	241,8	3,2	5,0
1906	34,4	95,5	0,57	1,95
1907	--58,2	5,7	—0,96	0,12

Zu dieser Vergleichung ist aber zu bemerken, daß bei der Reichsbank und der Österreichisch-ungarischen Bank der obenerwähnte Betrag die äußerste Grenze der Notenausgabe darstellt, welche die Banken nach den gesetzlichen Vorschriften keinesfalls überschreiten dürfen, innerhalb deren aber der Notenausgabe noch eine zweite wenn auch elastische Grenze gezogen ist durch die Verpflichtung der Banken, bei Überschreitung des Kontingentes eine Steuer von 5 % zu entrichten.

Dieser Betrag der steuerfrei umlaufenden Noten ist in

Österreich relativ und absolut größer als in Deutschland und das gleiche ist der Fall hinsichtlich der Notenausgabe. Hier ist jedoch abermals eine Korrektur vorzunehmen und zwar in doppelter Richtung. Einmal dient ja nicht der gesamte Betrag der steuerfrei umlaufenden Noten der Österreichisch-ungarischen Bank zur Kreditgewährung, vielmehr ist ein Betrag von 398799000 Kronen = 338979000 Mark zur Einziehung von Staatsnoten verwendet worden. Infolgedessen ist der Betrag der zur Kreditgewährung verfügbaren Noten bei der Österreichisch-ungarischen Bank absolut genommen ein geringerer als bei der Reichsbank; auf den Kopf der Bevölkerung ergibt sich aber für die Österreichisch-ungarische Bank ein höherer Betrag als für die Reichsbank. Ferner müssen wir jedoch berücksichtigen, daß die Reichsbank infolge des von ihr betriebenen hochentwickelten Giroverkehrs mittelst Gutschrift auf Girokonto in ausgedehntem Maße Kredit gewähren kann und zwar ohne, daß ihr für ihre täglich fälligen Verbindlichkeiten außer den Noten direkt oder indirekt durch gesetzliche Vorschrift eine Grenze gezogen ist. Aus diesem Grunde ist der Betrag der der Reichsbank zur Verfügung stehenden Mittel größer als der Betrag der der Reichsbank zur Kreditgewährung zur Verfügung stehenden Noten; ja dieser Betrag ist nur durch die Grundsätze der Bank beschränkt.

Das gleiche gilt in erhöhtem Maße für die Kreditmittel der Bank von England.

Auch bei der Bank von Frankreich ist der Betrag der zur Kreditgewährung verfügbaren Mittel nicht beschränkt auf den gesetzlich höchstzulässigen Betrag der Notenausgabe. Sie kann vielmehr, da ihr keine Deckung für die Noten vorgeschrieben ist, außer den Noten ihren gesamten Barvorrat zur Kreditgewährung ausgeben, soweit sie dies für gut befindet und ferner ist auch ihr bei der Kreditgewährung im Wege des Giroverkehrs gesetzlich keine Schranke gesetzt. Nur bei der Niederländischen Bank und bei der Banque Nationale de Belgique ist der Betrag der höchstzulässigen Notenausgabe im wesentlichen gleich dem Betrage der den

— 103 —

Die gesetzlich vorgeschriebene und die tatsächlich vorhandene Deckung der Noten durch den Metallvorrat, bei der Reichsbank, durch den Barvorrat in Prozenten.

	Reichsbank	Bank von England	Bank von Frankreich	Österr.-ungar. Bank	Niederl. Bank	Belgische Nationalbank	
A. Gesetzlich vorgeschriebene Mindestdeckung bei der:	Bardeckung von ⅓ = 33,33%	keine	keine	Metallische Deckung 40%		Deckung zu ⅓ durch Metall (inkl. Devisenvorrat)	Deckung durch den Metall- und Devisenvorrat %
B. Tatsächliche Deckung im Durchschnitt der Jahre:	Bardeckung %		Metallische Deckung	%			
1876—1880	85,0	77,2	99,0	87,8	54,4	74,4	33,2	—
1881—1885	84,1	78,3	90,5	72,2	58,0	65,3	28,6	—
1886—1890	91,9	88,5	87,4	85,1	57,5	71,8	27,6	—
1891—1895	95,1	91,8	116,7	88,0	61,3	62,5	26,6	—
1896—1900	79,5	76,5	129,9	84,1	74,7	57,0	21,4	—
1901	79,6	76,6	120,9	85,5	89,1	60,2	19,2	—
1902	82,8	79,9	121,5	87,9	94,1	60,2	19,1	—
1903	75,5	72,5	119,1	83,6	90,0	54,7	18,5	—
1904	75,4	71,9	121,6	86,1	88,1	58,7	18,6	—
1905	76,3	72,8	123,8	89,8	87,8	57,1	18,1	—
1901—1905	77,8	74,7	121,4	86,6	89,8	57,2	18,7	44,6
1906	68,4	64,2	117,5	84,3	80,4	51,1	18,2	40,6
1907	64,1	57,0	120,5	76,3	75,5	51,7	16,8	35,2

Bankenquête 1908 Tabelle I 16, II 12.

Banken überhaupt zur Kreditgewährung zur Verfügung stehenden Mittel.

Um einen Überblick über die gesamten den einzelnen Banken zur Erweiterung ihrer Kreditgewährung zur Verfügung stehenden Mittel zu gewinnen, vergleichen wir am besten die tatsächlich vorhandene Deckung der Noten und sonstigen täglich fälligen Verbindlichkeiten der Banken mit der gesetzlich vorgeschriebenen Mindestdeckung

Betrachten wir die Deckung der Noten allein, — durch den Barvorrat bei der Reichsbank, durch den Metallvorrat bei den übrigen Banken, — so finden wir die höchste Deckung bei der Bank von England, deren Metallvorrat größer als ihr Notenumlauf ist. Wie wir sahen, erklärt sich dies aus der untergeordneten Rolle, die die Banknote als Kreditmittel bei der Bank von England spielt. An zweiter Stelle folgt die Banque de France, an dritter die Österreichisch-ungarische Bank, an vierter die Reichsbank, an fünfter die Niederländische Bank. Am geringsten ist die metallische Deckung bei der Belgischen Nationalbank selbst bei Einrechnung des Devisenbesitzes der Bank in dieselbe.

Die tatsächlich vorhandene Deckung kommt der gesetzlich vorgeschriebenen Deckung am nächsten bei der Banque Nationale de Belgique. Größer ist die Differenz zwischen der wirklichen und der vorschriftsmäßigen Deckung bei der Niederländischen Bank und bedeutend größer bei der Reichsbank und der Österreichisch-ungarischen Bank. Bei der Bank von England ist eine Mindestdeckung nicht vorgeschrieben.

Die Deckung sämtlicher täglich fälliger Verbindlichkeiten durch den Metallvorrat bzw. Barvorrat (bei der Reichsbank) ist am höchsten bei der Österreichisch-ungarischen Bank. Auf diese folgt die Bank von Frankreich. Niedriger ist die Deckung bei der Niederländischen Bank und noch niedriger die der Bank von England und der Reichsbank. Die niedrigste Deckung verzeichnet die Belgische Nationalbank.

Die vorhandene metallische Reserve ist bei der Belgischen Nationalbank nur um ein Geringes größer als die gesetzliche Mindestdeckung. Im Durchschnitt des Jahres 1907 war bei der Belgischen Zentralnotenbank die vorhandene Reserve sogar geringer als die gesetzlich vorgeschriebene. Die Deckung der täglich fälligen Verbindlichkeiten und Noten bei der Niederländischen Bank war nicht unbeträchtlich höher als die gesetzliche Mindestreserve von 40 %. Bei den übrigen Notenbanken besteht, wie wir wissen, keine Vorschrift über eine Mindestdeckung der täglich fälligen Verbindlichkeiten überhaupt; doch sind auch diese Banken bestrebt, grundsätzlich eine bestimmte Mindestdeckung innezuhalten.

Die Größe der Deckung der Verbindlichkeiten der Banken zeigt uns nicht nur den Umfang des Barvorrates der einzelnen Banken, sie gibt uns zugleich ein Bild von der Ausnützung des Barvorrates seitens der Banken durch Kreditgewährung und ermöglicht uns damit zugleich eine Vorstellung von der Stärke der Inanspruchnahme des Kredites der Bank. Je stärker der Kredit der Bank in Anspruch genommen wird, um so geringer ist natürlich die Deckung der Verbindlichkeiten der Bank, da jede Kreditgewährung der Bank entweder eine Zunahme der täglich fälligen Verbindlichkeiten der Bank (Noten, Depositen bzw. Giroguthaben) oder eine Abnahme des Barvorrates zur Folge hat, je nachdem die Bank den von ihr gewährten Kredit in Geld, Noten oder mittelst Gutschrift auf Konto des Darlehennehmers auszahlt.

b) **Die Inanspruchnahme des Kredites der sechs Banken im Vergleich.**

Wenden wir uns nun, nachdem wir die Menge der bei den einzelnen Zentralbanken verfügbaren Kreditmittel und deren Bedingungen kennen gelernt haben, der vergleichenden Betrachtung des Kreditbedarfes in den einzelnen Ländern zu, soweit derselbe durch die Notenbanken befriedigt wird.

Die Wechselanlage war absolut am größten bei der Deutschen Reichsbank, am kleinsten bei der Niederländischen Bank. An zweiter Stelle folgte in den Jahren 1901—1905 die

Die gesetzlich vorgeschriebene und die tatsächlich vorhandene Deckung aller täglich fälligen Verbindlichkeiten (Noten und fremde Gelder) durch den Metallvorrat und, bei der Reichsbank, den „Barvorrat" in Prozenten.

A. Gesetzlich vorgeschriebene Mindestdeckung bei der:	Reichsbank	Bank von England	Bank von Frankreich	Österr.-ungar. Bank	Niederl. Bank	Belgische Nationalbank	
	keine	keine	keine	keine	metallische Deckung von 40%	Deckung zu ⅓ durch Metall inkl. Devisenvorrat	Deckung durch Metall und Devisen
B. Tatsächliche Deckung im Durchschnitt der Jahre:	Bardeckung	Metallische Deckung					
	%	%				%	%
1876—1880	66,2	60,0	46,5	69,8	52,7	65,0	27,1	—
1881—1885	65,9	61,4	40,7	58,2	56,9	61,8	23,8	—
1886—1890	66,3	63,8	38,5	68,4	56,5	65,3	23,5	—
1891—1895	64,3	62,0	45,4	72,6	57,1	60,2	23,0	—
1896—1900	55,1	52,9	44,9	69,7	70,0	54,9	18,4	—
1901	53,0	51,0	44,6	73,2	76,3	57,9	16,8	—
1902	56,4	54,4	44,0	75,6	84,3	58,4	17,0	—
1903	52,3	50,2	43,5	72,8	81,8	53,0	16,5	—
1904	53,3	50,8	44,0	72,6	79,8	56,7	16,5	—
1905	53,1	50,6	43,0	75,1	78,3	55,3	15,9	—
1901—1905	53,6	51,4	43,8	73,9	80,1	56,3	16,5	39,9
1906	48,3	45,4	41,0	71,1	72,6	49,8	16,0	36,1
1907	46,0	41,0	42,1	65,8	67,1	49,6	14,9	32,7

Bankenquête 1908 Tabelle I 20, Tabelle II 18.

Bank of England, in den Jahren 1906 und 1907 die Banque de France. Hierbei sind aber für die Bank von England sämtliche „Other securities" als Wechsel angenommen. Die Bank von England gibt in ihrem Ausweis ihre sämtlichen Anlagen nur nach zwei Gruppen gesondert an, nämlich den Betrag der Anlage in „Government securities" (Regierungssicherheiten) und den Betrag des gegen „Other securities" (andere Sicherheiten) gewährten Kredites. Wahrscheinlich war bereits vor 1906 die Wechselanlage der Bank von Frankreich größer als die der Bank von England. An vierter Stelle stand hinsichtlich der Wechselanlage die Belgische Nationalbank. Im Verhältnis zur Einwohnerzahl des Landes hat die Banque Nationale die größte Wechselanlage. Diese ist ungefähr dreimal so groß wie die Wechselanlage der Bank von Frankreich oder der Niederländischen Bank, fast viermal so groß wie die der Bank of England oder der Reichsbank und fast sechsmal so groß wie die der Österreichisch-ungarischen Bank.

Die Anlage in Wechseln und Darlehen gegen Pfand (Lombarddarlehen) war absolut genommen in den Jahren 1901 und 1905 bei der Reichsbank, im Jahre 1902 bei der Bank von England, in den Jahren 1903, 1904, 1906, 1907 sowie 1900 und vorher bei der Bank von Frankreich am größten. An dritter Stelle stand die Bank von Frankreich in den Jahren 1901, 1902 und 1905. In den Jahren 1898 bis 1900 und 1903 und 1904 stand die Reichsbank an dritter, in den Jahren 1902, 1906 und 1907 an zweiter Stelle in der Ordnung der Notenbanken nach der Größe der Wechsel- und Lombardanlage. Die Bank von England stand in den Jahren 1906 und 1907 an dritter, in den Jahren 1898—1901 und 1903—1905 an zweiter Stelle. An vierter Stelle folgte im Jahre 1907 die Österreichisch-ungarische Bank, in den vorhergehenden Jahren die Belgische Nationalbank, die im Jahre 1907 an fünfter Stelle stand. Die letzte Stelle nahm die Niederländische Bank ein.

Pro Kopf der Bevölkerung war der Betrag der in Wechseln und Lombarddarlehen angelegten Mittel am

Die durchschnittliche Anlage in Wechseln betrug in Millionen Mark bei der

in den Jahren	Reichsbank[1]	Bank of England[2]	Banque de France	Österr.-ungar. Bank[1]	Belgischen Nationalbank[1]	Niederländischen Bank[1][3]
1901—1905	839,7	583,8	513,8	254,7	432,3	112,6
1906	989,4	669,3	731,0	453,6	484,1	126,3
1907	1104,5	659,9	928,5	566,3	495,2	124,3
pro Kopf der Bevölkerung in Mark						
1901—1905	14,3	17,6[4]	13,1	5,5	64,5	21,1
1906	16,3	20,0	18,7	9,2	68,2	22,9
1907	17,7	18,9	23,6	11,7	69,4	22,0

Die gesamte Anlage betrug in Millionen Mark bei der

im Durchschnitt der Jahre	Reichsbank	Bank von England	Banque de France	Österr.-ungar. Bank	Belgischen Nationalbank[6]	Niederländischen Bank
1901—1905	1083,3	1290,7	1315,1	743,1	466,14	211,5
1906	1298,1	1367,6	1604,4	953,8	518,4	263,3
1907	1408,1	1347,5	1861,6	1080,8	541,8	260,7
pro Kopf der Bevölkerung in Mark						
1901—1905	18,5	38,9	33,6	16,0	69,6	39,9
1907	22,8	38,6	47,2	22,4	76,3	46,6

[1] Inklusive Devisen.
[2] Nur die Other securities der Bankabteilung (Banking Department). Die Bank von England scheidet in ihren Ausweisen die Anlagen der Bankabteilung nur nach Anlage in Government-securities (fundierte Staatsanleihen und Schatzscheine) und Anlage in Other securities (andere d. h. private Sicherheiten; Wechsel usw.).
[3] Im Durchschnitt der Geschäftsjahre (1. April bis 31. März).
[4] Berechnet auf den Kopf der Bevölkerung von England und Wales. Schottland und Irland haben ein eigenes Notenbankwesen.
[5] Berechnet auf den Kopf der Bevölkerung von England und Wales.
[6] Nur Wechsel- und Lombardanlage.
Nach Conrads Volkswirtschaftliche Chronik.

Die Kreditgewährung der Zentralnotenbanken von Deutschland, England und Frankreich[1]) in Millionen Mark.

im Durchschnitt der Jahre	Gesamte Anlage bei der			Anlage in					
	Bank von Frankreich	Bank von England[2])	Reichsbank	Wechseln bei der		Lombarddarlehen bei der			
				Bank von Frankreich	Reichsbank	Bank von Frankreich	Reichsbank		
1898	1316	1234	888	638	714	314	96		
1899	1417	1291	986	669	817	367	81		
1900	1494	1310	989	700	800	408	80		
1901	1280	1279	1064	482	845	407	73		
1902	1199	1299	1008	436	776	370	74		
1903	1342	1281	1085	558	846	375	49,2		
1904	1401	1262	1084	566	823	409	54		
1905	1354	1333	1176	527	909	393	72		
1901—1905	1315	1291	1083	514	840	391	65		
1906	1604	1368	1298	731	989	423	83,6		
1907	1862	1348	1408	929	1105	471	98		

[1]) Nach „Volkswirtschaftliche Chronik" Jahrgang 1898 ff.; Anhang zu Conrads Jahrbüchern.
[2]) Inklusive Anlagen des Issue-Department.

— 110 —

Die Anlage in Wechseln und Lombarddarlehen
betrug in Millionen Mark bei der

im Durchschnitt der Jahre	Reichsbank	Banque de France	Bank of England [1]	Österr.-ungar. Bank	Banque nationale de Belgique	Niederländische Bank
1901—1905	895,2	904,6	913,8	294,3	466,1	203,37
1906	1073,0	1154,4	990,7	495,2	518,4	244,02
1907	1202,6	1399,7	970,6	625,0	541,4	245,66
pro Kopf der Bevölkerung in Mark						
1901—1905	15,3	23,1	27,5 [2]	6,3	69,6	38,4
1907	19,4	35,5	27,8 [2]	12,9	76,3	43,9

Durchschnittliche Anlage in Wechseln und Lombarddarlehen in Millionen Mark bei der

im Jahre	Bank von Frankreich	Reichsbank	Bank von England [3]	„Other securities" der Bank von England
1898	952,3	810,3	857,0	—
1899	1035,3	897,8	914,3	—
1900	1107,8	880,2	932,7	—
1901	889,4	918,2	901,7	593,4
1902	805,5	849,6	922,4	601,8
1903	932,9	849,6	903,7	571,6
1904	974,7	877,7	884,6	537,9
1905	920,5	980,8	956,5	614,3
1901—1905	904,6	895,2	913,8	583,8
1906	1154,4	1073,0	990,7	669,3
1907	1399,7	1202,6	970,6	659,9

[1]) Anlagen der Bankabteilung.
[2]) Berechnet auf den Kopf der Bevölkerung von England und Wales.
[3]) Sämtliche Anlagen der Bankabteilung (Government securities und Other securities).

Nach Conrads Jahrbüchern, Volkswirtschaftl. Chronik 1898 ff.

größten bei der Banque Nationale de Belgique. Die Anlage bei dieser Bank war im Durchschnitt des Jahres 1907 über $1^3/_4$ mal so groß wie die Anlage der Niederländischen Bank, mehr als doppelt so groß wie die der Banque de France, beinahe $2^1/_2$ mal so groß wie die der Bank of England, beinahe viermal so groß wie bei der Reichsbank und fast sechsmal so groß wie bei der Österreichisch-ungarischen Bank.

Die gesamte Anlage in Kreditgeschäften überhaupt war mit Ausnahme des Jahres 1902, wo die Bank von England die größte Anlage verzeichnete, am größten bei der Bank von Frankreich. An zweiter Stelle stand ausgenommen in den Jahren 1903 und 1907 die Bank of England. Die Reichsbank folgte an dritter Stelle; nur im Jahre 1907 war ihre gesamte Anlage größer als die der Bank von England.

Pro Einwohner des Landes hatte die Banque Nationale de Belgique die größte Gesamtanlage. Die gesamte Anlage dieser Bank war pro Kopf der Bevölkerung im Durchschnitt des Jahres 1907 mehr als $1^1/_2$ mal so groß wie diejenige der Bank von Frankreich und der Niederländischen Bank, fast doppelt so groß wie die der Bank von England, beinahe viermal so groß wie bei der Reichsbank und der Österreichisch-ungarischen Bank.

Hierbei ist noch zu berücksichtigen, daß einen Teil der Anlagen der Österreichisch-ungarischen Bank Hypothekardarlehen bilden. Diese Darlehen gewährt die Bank aber nicht mit den gewöhnlichen Kreditmitteln der Notenbanken, Noten und deponierten Geldern. Es besteht vielmehr bei der Österreichisch-ungarischen Bank für die Immobiliarkreditgewährung eine besondere Hypothekarkreditabteilung, die die Mittel zur Kreditgewährung durch Ausgabe von Pfandbriefen beschafft. Die Anlage der Bank in Hypothekardarlehen betrug im Durchschnitt des Jahres 1907 300 Millionen Kronen also etwa 255 Millionen Mark oder pro Kopf der Bevölkerung etwa 5,31 Mark. Dieser Betrag ist von der Gesamtanlage in Abzug zu bringen, wenn man jenen Betrag feststellen will, den die Bank an Kredit mit den regulären Mitteln einer Notenbank gewährt.

Schlußbetrachtung.

Das Ergebnis dieser Betrachtung ist also, daß die Banken, deren Diskontsatz am niedrigsten ist, nämlich die Bank von Frankreich, die Niederländische Bank und die Belgische Nationalbank, relativ am meisten Kredit gewähren, während die Kreditgewährung der Banken, deren Diskont höher ist, wie die der Bank von England, der Reichsbank, der Österreichisch-ungarischen Bank, weit weniger in Anspruch genommen wird. Die Gründe für die verschiedene Höhe des Zinssatzes bei den einzelnen Banken können also nicht in der verschieden starken Inanspruchnahme des Kredites der Banken gefunden werden, sie liegen vielmehr in der sehr verschiedenen Größe der Kreditmittel, d. h. der den Banken zur Kreditgewährung zur Verfügung stehenden Mittel. Diese Größe hängt, wie wir feststellten, einerseits von der Größe des Metallvorrates der Banken, andererseits von der Intensität ab, mit der dieser Metallvorrat ausgenützt wird. Erstere wird beeinflußt durch die Geldverfassung und den Geldvorrat des Landes sowie die seitens der Bank zum Schutze ihres Barvorrates getroffenen Maßnahmen. Letztere ist bedingt durch die gesetzlichen Vorschriften oder die Grundsätze der Banken über Kontingentierung der Notenausgabe, über Deckung der Noten und täglich fälligen Verbindlichkeiten, sowie durch die Entwicklung des Kredit- und Zahlungsverkehrs und die Stellung, die demgemäß die verschiedenen Arten von Kreditmitteln, also wesentlich Banknote und Bankguthaben, in der Kreditgewährung der Banken einnehmen.

Dieses Ergebnis der Arbeit scheint der gegenwärtig herrschenden Ansicht durchaus zu widersprechen. Nach dieser hängt die Höhe des Diskontes in einem Lande in der Hauptsache einerseits vom Kapitalreichtum, andererseits von der Lebhaftigkeit der wirtschaftlichen Tätigkeit des Landes ab.

Diese Ansicht wird etwa folgendermaßen begründet: Der Zinsfuß ist nichts anderes als der Leihpreis des Kapitals. Die Höhe dieses Leihpreises hängt ab vom Verhältnis des Kapitalangebotes zur Kapitalnachfrage. Je größer das Kapitalangebot, oder je geringer die Kapitalnachfrage, um so niedriger ist der Leihpreis des Kapitals, also auch der Diskont.

Dagegen ist der Diskont um so höher, je geringer das Kapitalangebot, je größer und dringender die Nachfrage nach Kapital ist. Das Kapitalangebot wird nun aber naturgemäß am niedrigsten in einem kapitalarmen Lande sein, am höchsten dagegen in einem kapitalreichen Lande. Umgekehrt erscheint es ebenso natürlich, daß in einem Lande, dessen Industrie in starkem Aufschwunge begriffen ist, die Kapitalnachfrage stark zunimmt, während in einem Lande mit stagnierender wirtschaftlicher Entwicklung die Nachfrage nach Kapital immer die gleiche bleibt oder gar sich verringert. Hieraus ergibt sich dann ferner, daß der Zinsfuß eines Landes um so niedriger ist, je größer der Kapitalreichtum des Landes ist und je langsamer der wirtschaftliche Aufschwung des Landes sich vollzieht.

Entwickelt dagegen ein Land eine lebhafte industrielle und kommerzielle Tätigkeit oder ist der Kapitalreichtum seiner Bevölkerung gering, so wird der Diskont in dem Lande ein hoher sein.

Es ist hier nicht der Ort nachzuweisen, daß diese scheinbar so einleuchtende Theorie der Zinsfußbewegung weder einer genaueren theoretischen Betrachtung standhält, — sie wird vielmehr allein gestützt durch die Vieldeutigkeit des Wortes Kapital — noch mit den Tatsachen übereinstimmt, der Zinsfuß im kapitalärmeren industriell ebenso hoch entwickelten Belgien ist niedriger als im kapitalreicheren Deutschland: der Diskont im kapitalreichsten Lande der Welt, in

England, ist höher als in Frankreich, Holland und selbst Belgien.

Von der herrschenden Lehre ist richtig nur, daß unter der Annahme einer Begrenzung der Kreditmittel bei steigender Kreditnachfrage, wie sie die steigende Konjunktur mit ihren gesteigerten Güterumsätzen kennzeichnet, eine Erhöhung des Diskontes eintreten muß.

Da der Kredit in unserer Zeit nicht als Realdarlehen durch Hingabe wirtschaftlicher Güter, sondern als Darlehen mittelst Übertragung von Zahlungsmitteln, von Geld oder Bankguthaben, gewährt wird, so bedeutet jede Kreditnachfrage eine Nachfrage nach Zahlungsmitteln.

Der Betrag an Zahlungsmitteln jeder Art braucht nun aber durchaus nicht begrenzt zu sein. Er ist begrenzt nur solange, als man entweder nur bares Edelmetallgeld als Zahlungsmittel zuläßt, oder als der Ausgabe anderer Zahlungsmittel z. B. Banknoten und Bankguthaben durch Gesetz oder Bankstatuten bestimmte Grenzen gezogen sind. Eine beliebige Herstellung allgemein angenommener Zahlungsmittel seitens jedermann in unbegrenzten Mengen ist nun in keinem Lande gestattet. Die Prägung von Metallgeld behält sich überall der Staat vor und auch die Ausgabe von Papiergeld, Noten, ist in der Regel dem Belieben der Privaten entzogen und darf nur seitens des Staates oder besonders vom Staate dazu ermächtigter Personen, nur nach bestimmten Vorschriften und meist innerhalb bestimmter durch Gesetz oder Bankstatuten festgesetzter Grenzen ausgeübt werden. Diese Grenzen sind aber durchaus willkürlich und nicht absolut notwendig, wie wir gesehen haben. Während die Banque Nationale de Belgique nur ca. $^1/_6$ ihrer Noten durch Metall gedeckt hat, hält die Reichsbank eine Deckung von 50 % noch für ungenügend und erhöht deshalb ihren Diskont.

Die Grenzen der Notenausgabe können wie in Belgien und Frankreich sehr weit gezogen sein und zwar so weit, daß sie selbst bei einem noch so starken Wachsen der Kreditnachfrage eine genügende Ausdehnung der Kreditmittel zulassen, oder wie in Deutschland, Österreich, England so eng, daß sie in Zeiten zunehmender Kreditnachfrage es der Notenbank unmöglich machen, den an sie herantretenden, nicht durch Erhöhung des Diskontes eingeschränkten Kreditbedarf zu befriedigen. Fehlt eine Begrenzung der Notenausgabe völlig oder ist nur Deckung der Noten durch sichere Forderungen oder sachliche Güter vorgeschrieben; — eine sichere Forderung ist ja beinahe stets mittelbar durch im Eigentum des Schuldners oder dessen Schuldners stehende Sachgüter gedeckt: z. B. der Wechsel durch die vom Aussteller an den Bezogenen verkauften Waren, die Obligationen durch Grundstücke, Gebäude, Maschinen usw. — so würden die Kreditmittel der Banken zur Befriedigung selbst eines noch so stark anwachsenden Kreditbedarfes ausreichen.

Dabei würde die Sicherheit der Bank nicht im geringsten leiden, wenn sie, — was bei jeder unter tüchtiger und solider Leitung stehenden Bank der Fall ist, — nur gegen sichere Forderungen Kredit gewährt. Die Banken brauchten unter diesen Voraussetzungen niemals ihren Diskont zu· erhöhen, könnten vielmehr nach Belieben den Diskont so niedrig, wie sie wollten, festsetzen. Da nun aber der Diskont der Zentralnotenbank den höchsten Satz für bei dieser Bank diskontierbare Wechsel darstellt, da niemand zu einem höheren Satze, als die Bank von ihm fordert, am Markte solche Wechsel zur Diskontierung anbieten würde, so würde jede Herabsetzung des Bankdiskontes ein Sinken des Marktdiskontes nach sich ziehen.

Eine Aufhebung der Vorschriften über Deckung der Noten und Guthaben durch Metallgeld hat aber zur Voraussetzung, daß die Bank zu einer Einlösung ihrer Noten oder zur Auszahlung der Guthaben in andere Geldarten entweder nicht verpflichtet ist, wie z. B. die Österreichisch-ungarische Bank, oder durch die Geldverfassung in den Stand gesetzt wird, sich tatsächlich von der Einlösungspflicht zu befreien wie in Holland, Belgien, Frankreich. Solange die Bank von England und die Reichsbank auf Verlangen ihre Noten in Gold einlösen müssen, müssen sie natürlich unbedingt einen genügenden Goldvorrat halten, um jederzeit ihren Verpflichtungen nachkommen zu können. Wie das Beispiel Österreichs beweist, ist eine Einlösung der Noten in bares Geld aber durchaus nicht erforderlich.

Aber noch aus einem anderen Grunde hält man einen hohen Diskont unter bestimmten Umständen für unvermeidlich, nämlich um den Kurs der heimischen Valuta gegen das Ausland beständig zu halten.

Wie wir am Beispiel Österreichs, Belgiens und Hollands sahen, ist eine Regulierung des intervalutarischen Kurses auch ohne Erhöhung des Diskontes möglich, nämlich durch Ankauf und Abgabe von Valuten, Devisen und Gold seitens der Zentralbank. Die Zentralbanken der obengenannten Länder müssen ihren Diskont nur dann erhöhen, wenn infolge Abgabe von Gold und Devisen die vorschriftsmäßige Deckung der Noten und täglich fälligen Verbindlichkeiten gefährdet wird. Beständen die Deckungsvorschriften nicht, so könnten die Banken ohne Erhöhung ihres Diskontes die Beständigkeit des intervalutarischen Kurses aufrecht erhalten.

Nun könnte es sich allerdings ereignen, daß bei dauernd passiver Zahlungsbilanz des Landes die Vorräte der Zentralbank an Devisen und Valuten sich erschöpften. Aber alsdann wäre es Aufgabe des Staates, sich die zur ferneren Durchführung der Valutaregulierung erforderlichen Mittel an Devisen und Valuten durch Aufnahme einer Auslandsanleihe zu verschaffen; denn die Valutaregulierung ist zwecklos, wenn sie unter Erhöhung des Diskontes durchgeführt wird, da der für den Handel aus der Kursregulierung entspringende Nutzen hinfällig gemacht wird durch die Belastung von Handel und Industrie mit einem erhöhten Diskont und einer Einschränkung der Kreditgewährung.

Nachtrag.

Das Gesetz betreffend Änderung des Bankgesetzes vom 1. Juni 1909 und seine voraussichtlichen Einwirkungen auf die Bank- und Geldverfassung Deutschlands, auf die Diskontopolitik der Reichsbank und auf die Bewegung des Bankdiskontes.

In neuester Zeit hat das deutsche Bankgesetz, soweit es die Reichsbank betrifft, durch ein Gesetz vom 1. Juni 1909[1]) Änderungen erfahren, die unter Umständen eine einschneidende Wirkung auf Deutschlands Geld- und Kreditwesen sowie auf die Diskontopolitik seiner Zentralnotenbank äußern können. Diese Änderungen treten teils am 1. Januar des Jahres 1910, teils am 1. Januar 1911 in Kraft[2]).

Von untergeordneter Bedeutung ist die Bestimmung in Artikel 2 dieses Gesetzes, wonach vom 1. Januar 1911 ab der Betrag des steuerfreien Umlaufs nichtbargedeckter Noten für die Reichsbank auf 550 Millionen Mark erhöht wird. Am Vierteljahresende darf von obigem Zeitpunkte ab der nicht bar gedeckte Notenumlauf der Reichsbank sogar 750 Millionen Mark betragen, ohne daß die Bank Notensteuer zu entrichten braucht.

Diese Änderungen werden nach dem oben Gesagten nur geringe Einwirkungen auf die Diskontpolitik der Reichsbank ausüben können. Sie beseitigen die Einwendungen nicht, die gegen jede Kontingentierung der Notenausgabe

---

[1]) R. G. Bl. vom 5. Juli 1909 (Nr. 34), S. 515 ff.
[2]) Artikel 8 des Gesetzes.

erhoben werden müssen: jede solche Begrenzung ist absolut unnatürlich und willkürlich und sie gewährleistet nicht einmal, daß die vom metallistischen Standpunkte zu fordernde Mindestdeckung der Noten durch den Barvorrat aufrecht erhalten bleibt.

Man kann ebenso gut begründen, daß das steuerfreie Kontingent 2 Milliarden, 1 Milliarde, 100 Millionen, wie daß es gerade 550 Millionen betragen müsse.

Es ist aber absolut nicht einzusehen, warum die Höhe des Diskontes der Zentralnotenbank von einer solchen willkürlichen Grenze der ungedeckten Notenausgabe abhängig gemacht werden soll, zumal bei einer unter der Aufsicht und Leitung des Staates stehenden Bank, wie die Reichsbank es ist.

Einschneidende Bedeutung für die deutsche Geldverfassung kann die am 1. Januar 1910 wirksam werdende Bestimmung des Artikel 3 erlangen, die den Reichsbanknoten, — für die Noten der übrigen vier deutschen Notenbanken bleiben die bisherigen Bestimmungen des Bankgesetzes von 1875 in Geltung, — die Eigenschaft des gesetzlichen Zahlungsmittels, des Kurantgeldes verleiht. Hierdurch ist die Reichsbank in den Stand gesetzt, alle Zahlungen in Banknoten machen zu können, selbst gegen den Willen des Zahlungsempfängers.

Einzulösen braucht sie ihre Noten nach § 18 des Bankgesetzes von 1875 aber nur in Berlin unbedingt, bei ihren Zweiganstalten dagegen nur, „soweit deren Barbestände und Geldbedürfnisse es gestatten". Es ist hierdurch ganz in das Belieben der Reichsbank gestellt, ob sie außer bei ihrer Hauptkasse in Berlin überhaupt ihre Noten einlösen will[1]), da die Entscheidung über die Verfügbarkeit ihrer Barbestände ja allein der Reichsbank zusteht und sie überdies bei ihren Zweiganstalten ja gar keine Barbestände zu halten braucht.

Es ist wünschenswert, daß die Bank von den ihr durch dieses Gesetz eingeräumten Befugnissen in möglichst weitem Umfange Gebrauch macht, da so allein ein Teil des in

---

[1]) So auch L a b a n d, Staatsrecht des Deutschen Reiches, 4. Aufl. 1901, 3. Band, S. 147.

Deutschland umlaufenden Goldes der Bank zufließen wird und seitens dieser zur Regulierung der Valutakurse verwendet werden kann. Auf diese Weise würde eine Erhöhung des Bankdiskontes wegen zu starken Abflusses von Gold in das Ausland unnötig werden.

Die Verleihung der Kurantgeldeigenschaft an die Reichsbanknoten kann überhaupt, wenn richtig ausgenutzt, das von der Bankenquêtekommission vergeblich gesuchte Mittel werden, den Barvorrat der Reichsbank zu stärken. Dazu bedürfte es lediglich der Mitwirkung der öffentlichen Kassen des Reiches und der Einzelstaaten.

Diese sollten von ihrem Rechte, die Banknoten bei allen von ihnen zu leistenden Zahlungen aufzudrängen, Gebrauch machen. Dagegen sollten sie das bei ihnen eingehende Goldgeld stets an die nächste Reichsbankstelle abführen und dort Reichsbanknoten dafür eintauschen oder den eingezahlten Betrag auf das Reichsbankgirokonto der betreffenden Kasse gutschreiben lassen.

Auf diese Weise würde sicher eine bedeutende Verstärkung des Goldvorrates der Reichsbank stattfinden und es würde eine vernünftigere Verteilung des deutschen Goldvorrates auf Zentralbank und Geldumlauf stattfinden, als dies bisher in Deutschland der Fall ist. In den anderen Ländern ist man, wie wir sahen, diesem Ziele bereits erheblich näher als bei uns.

Eine Verstärkung ihres Barvorrates würde aber die Diskontpolitik der Reichsbank stark beeinflussen, da, wie wir sahen, es ein Ziel der Diskontopolitik der Reichsbank ist, einen im Verhältnis zum Betrage der täglich fälligen Verbindlichkeiten möglichst hohen Goldvorrat zu halten.

Erwähnung verdient ferner die Bestimmung des Artikel 4, wonach vom 1. Januar 1910 ab die Reichsbank ihre Noten auf Verlangen, statt wie bisher in kursfähiges deutsches Geld, nunmehr in deutsche Goldmünzen einlösen muß. Diese Bestimmung ist deshalb getroffen worden, weil von obigem Zeitpunkte ab die Reichsbanknoten ja zum kursfähigen deutschen Gelde gehören, die Reichsbank demnach, wenn § 18 des Bankgesetzes von 1875 unverändert fortbestände, ihre Noten nur in Noten einzulösen brauchte. Um das zu vermeiden, traf man die Bestimmung des Artikel 4, Absatz 1. Hierdurch ist aber gegenüber dem bisher bestehenden Zustande eine kleine Änderung eingetreten. Während die Bank bisher bei Zahlungen von 20 Mark und darunter auch Reichssilbermünzen verwenden konnte, muß sie jetzt auf Verlangen auch ihre Zwanzigmarknoten in Gold einlösen.

Altenburg
Pierersche Hofbuchdruckerei
Stephan Geibel & Co.

Printed by Libri Plureos GmbH
in Hamburg, Germany